완판입니다

완판입니다

최미아 수필집

수필과비평사

■ 작가의 말

수필을 만난 지 26년이다.
그동안 보고 듣고 읽는 모든 것이 쓰기 위해서였다.
치열하진 않았지만 수필과 거리를 둔 적은 없었다.

세 번째 수필집이다.
주제에 따른 구별 없이 글을 묶었다.
모아 놓고 보니 실험수필이 많다.
"이런 글도 수필이야?" 대신
"이런 수필도 있네!" 하고 재미있게 읽어주면 좋겠다.

뒤표지 글을 써주신
민충환 선생님, 엄현옥 선생님께 감사드린다.

수필 안에 있어서 내 삶이 풍성했다.
앞으로도 그러고 싶다.

2025년 여름에
최미아

■ 차례

■작가의 말

1부

갈색 수첩   12

의문의 일패   17

구봉침의 변신   21

완판입니다   25

속담으로 쓴 자서전   29

목포에 눈물은 없다   33

어느 노老 교수의 봄날   38

벚꽃 아래 언니들   43

어슬렁 청계천   48

2부

부록 같은 가을날 54

아사코의 독백 58

랜선 애인 63

동네 카페 67

삼호 무화과 71

층견 노이즈 75

집콕 덕분에 80

누가 봐도 부천 사위 83

방생매와 두 얼굴 88

3부

동명이인들의 하루　98

북극서점　103

진부령 연가　107

정미경을 그리다　114

맹랑 설화　119

완구점 큰엄마　124

내돈내산 베스트 작품상　129

노작의 작은 참새　133

달콤한 고백　137

4부

석화의 반란　142

카페 만화경　146

꿈꾸는 침향　150

요리책 소고　154

볼음에 가다　158

철새 가이드　162

하마 취비강을 건너갔을까　165

인호네 가족사진　169

네 꿈을 펼쳐라　173

5부

나의 큰형님　178

아라리오 씨 킴　182

좋아하는 운세　186

퍼플나라를 아시나요　190

떠도는 책　195

꽃이라 불리지 않아도　197

이제 자유롭게 사랑하소서　201

케빈 베이컨 지수　205

하마터면 친해질 뻔했다　209

1부

갈색 수첩

의문의 일패

구봉침의 변신

완판입니다

속담으로 쓴 자서전

목포에 눈물은 없다

어느 노老 교수의 봄날

벚꽃 아래 언니들

어슬렁 청계천

갈색 수첩

서랍에 수첩이 빼곡하게 쌓여 있었다. 손바닥만 한 갈색 수첩이었다. 얼추 서른 개가 넘었다. 날마다 메모를 하신다는 건 알았지만 그렇게 오랜 세월 쓰신 줄은 몰랐다. 박완서 선생의 「여덟 개의 모자로 남은 당신」이 생각났다. 시아버지는 '서른 개의 수첩으로 남은 당신'이었다.

시아버지의 유품을 정리하면서 수첩 하나를 가져왔는데 까마득하게 잊고 있었다. 수첩을 펼쳤다. 1990년이니 아버지 연세 73세 때다. 하루 대여섯 줄씩, 글자가 빼곡하다. 한문이 반나마 섞여 있어 처음에는 읽기 힘들었는데 몇 장 넘기다보니 눈에 들어왔다. 오전에는 신문 보고 텔레비전 뉴스 시청하고, 오후에는 삼거리 점방에서 약주 두세 잔 드시는 게 일과였다. 약주 값, 원협園協 입출금 등 돈에 관해서도 꼼꼼했다. 똑같은 날이 많았지만 하루도 빠지지 않았다.

"새벽 6時頃 今年 농사 꿈꾸었음. 萬事大通이라 생각함. 孫子女들 歲拜錢 1万원. 點心에 朴實이 왔음. 父親 使用 金5만원 바듬."

새해 첫날 메모다. 만발한 배꽃을 보셨을까, 농익은 배를 따셨을까. 아들에게 배 과수원을 물려준 지 다섯 해가 지났지만 농사 꿈꾸고 만사대통이라고 하신 걸 보니 마음속에 늘 과수원을 생각하고 계셨나 보다.

"비가 나려 日刊 家內 있으면서 신문 消日. 午後 夕陽참에 三巨里서 소주 2盞함."

봄 지나고 여름이다. 위쪽 빈칸에 굵은 글씨로 '洪水 20일'이라고 쓰여 있다. 날마다 비가 내렸다고 했다. 둑방이 무너져 동네가 물에 잠겼던 때가 있었는데 그해 여름이었나 보다. 장마 중에 해가 들면 치과에 다니다 결국 고생만 하고 틀니를 하셨단다. 말복에는 아들이 소주 다섯 병 사오고 딸이 닭죽을 쑤어 와서 덕택으로 복을 잘 쇠었다고 하셨다.

9월에는 "中共 北京에서 아시안게임 開幕. 태래비 시청이 소일."이었다. 펜싱, 사격, 레슬링, 수영 관람. 현재 금 7개. 날마다 경기 종목과 획득한 메달까지 적혀 있다. 원래 운동경기를 좋아하셨을까. 무료해서 보신 걸까. 경기가 없을 때는 "果園에 나가 까치 보기 겸 까스총 관리"를 하셨다. 추석이 지나도록 날마다 '까치 보기'는 이어졌다. 배 작업을 하면서부터는 출고한 배 상자 개수와 가격도 보인다. 부자지간 말이 없기로 유명했는데 매일 수확량을 알려준 시숙님이 대단하다.

  내가 결혼한 지 3년이 되던 겨울이 생각난다. 서울 조카 결혼식에 참석하신 뒤 아버지가 우리 집에 오셨다. 남편이 새벽에 출근하자 나는 평소와 같이 아침잠에 빠져버렸다. 식사를 빨리하시는 아버지가 기다리다 지쳐 방문을 두드리면서 "밥은 언제 먹냐." 하셨다. 아버지는 식사 때마다 반주를 즐기셨는데 나는 술을 제대로 챙기지 못했다. 안주도 매번 걱정이었다. 내려가신 뒤에 안주 될 만한 국물을 보면 아버지 생각이 났다. 아버지가 가고 싶어 하신 김포공항에 같이 갔다. 뜨고 내리는 비행기도 보고 사람 구경도 하면서 한나절을 보냈다. 그때는 특별한 사람만 비행기를 탈 때여서 아버지께 빈말로라도 다음에 비행기 태워드린다는 말을 못했다.

  다시 수첩을 본다. 어느 날은 몸살기가 있으셨나 보다. 종일 누워 있었는데 오후에 개가 출산을 했단다. 겨우 네 마리 낳았다고 많이 서운하다 하셨다. 며칠 뒤에는 "서울 막둥이 子 出産 陰13日"이라고 우리 큰아들 출생이 적혀 있다.

아버지는 68세에 혼자 되셨다. 갑자기 시어머니가 돌아가시자 구순 노모와 두 분이 남으셨다. 아버지는 시어머니 첫 기일이 되기 전에 서모庶母를 맞으셨다. 노모와 둘이 살 수 없다는 이유였다. 가까이 아들 며느리가 살았지만 열 효자보다 악처 하나가 낫다고 하셨단다. 자식들은 똘똘 뭉쳐 그분을 못마땅해 했다. 명절이나 제사에 모이면 그분이 들을 정도로 쑥덕거렸다. 시어머니에게는 평생 고생한다는 말 한마디 안하신 아버지가 말끝마다 "느그 서모가 고생이 많다."고 하셔서 원성은 높아만 갔다.

"今日은 妻祭日이라 家內있으면서 少少한 協助. 밤, 축문, 꼬쟁이, 문어오리기. 木浦 光州 딸, 서울서 왔음. 妻 제사 費用으로 150,000원 줌."

시어머니 기일 메모다. 나는 새어머니가 계실 때 결혼했다. 그래서였을까. 나는 새어머니가 밉지 않았다. 그분은 적군 속에서 아군을 만난 듯 다른 자식들 눈치 보면서 내게 양념도 챙겨주고 떡 하나라도 더 싸주셨다. 그분은 아버지와 3년쯤 살다 결국 나가셨는데 어디로 갔는지 아무도 관심을 두지 않았다. 얼마 뒤 돌아가셨다는 소식만 들었다.

아버지는 그 뒤 십 년 넘은 세월을 혼자 사셨다. 아들 며느리가 돌보셨지만 서모만 했을까. 팔팔했던 자식들도 지금은 아버지가 혼자되셨던 나이가 다 지나고 혼자된 자식도 있다. 이제는 아버지가 그분과 계속 사셨더라면 어땠을까 한 번씩 후회하는 목소리가 들린다.

일본의 평론가 타테가미 타츠히코 씨는 수첩을 "인생의 가능성을 넓히는 도구"라고 했다. 그러나 아버지는 수첩을 통해 삶의 가능성을 넓히거나 풍요로웠으리라는 생각은 들지 않았다. 파안대소할 만한 즐거움도, 견디기 어려운 슬픔도 내색하지 않았던 아버지의 문체는 당신의 담담한 일상 그 자체였다. 서랍 가득 쌓여 있던 수첩에는 얼마나 더 아버지의 무료한 시간들이 적혀 있었을까. 아버지의 수첩에 하루라도 풍성한 추억 하나 만들어 드렸더라면 좋았을 텐데….

(2024)

의문의 일패

 오랜만의 여행이었다. 동행할 팀과 공항에서 만났다. 모두 키도 크고 스타일도 좋았다. 모델협회에서 나온 것일까. 그들 중 카키색 카고팬츠를 입은 여인이 유독 눈에 들어왔다. 카고팬츠는 왼쪽 다리에만 그림이 그려져 있었다. 새, 나무, 꽃, 화조도였다. 무채색이지만 묘한 아우라가 느껴졌다. 공항패션으로 단연 돋보였다. 일행은 카고팬츠 차림의 여성 팀 여덟 명과 우리가 전부였다.
 목적지에 내려서 오후 일정을 보내면서도 카고팬츠가 눈앞에 왔다갔다했다. 내가 입는다고 같은 맵시가 날 리 없겠지만 자꾸 눈길이 갔다. 일부러 옆에서 걷는 척하면서 훑어보았지만 브랜드를 알 수 없었다. 흔히 가슴이나 팔, 등, 지퍼 꼬리에라도 로고가 인증되어 있는데 그 옷은 어디에도 그런 표지가 없었다. 그러고 보니 그녀가 입고 쓰고, 신고 있는 것이 다 그랬다.

다음날 그 여인은 다른 옷을 입었다. 역시 범상치 않은 패션이었지만 첫날만큼 눈길을 끌지는 않았다. 그 팀은 목소리도 잔잔했다. 가이드도 일행의 성향이 파악되었는지 조용조용하게 안내했다. 나도 같이 저절로 분위기를 탔다. 사는 곳을 묻는 넘치는 질문을 하거나 간식도 나누지 않았다.

여인은 버스에서 내 뒷자리에 앉았다. 그녀의 반듯한 서울 말씨가 고조곤히 들려왔다. 나도 모르게 은근히 귀를 기울였다. 한눈에 반한 여인이 아닌가. 그녀는 서울 내자동에서 어린 시절을 보냈고 지금은 강남에서 살고 있다. 영화를 보면서 짬짬이 영어 공부도 한다. 〈쇼생크 탈출〉과 〈바람과 함께 사라지다〉는 대사를 외울 정도지만 볼 때마다 몰입이 된다. 남편은 드럼과 중국어를 배운다. 한 가지를 하면 열심히 하는 사람이어서 집에 와서도 복습하느라 바쁘다. 아침에 일어나면 갈 곳이 있다는 게 중요하니까 배우기를 멈추지 않는다. 일본으로 남편과 골프도 자주 다닌다. 남편은 지금도 일본에서 골프 중이다. 자기도 같이 가려고 하다 여행 오느라 포기했다고 했다.

고속도로 휴게소에서였다. 커피를 사려고 줄을 섰는데 여인이 뒤에 섰다. 나는 메뉴판을 보며 손가락으로 주문했다. 조용히 서 있던 여인은 유창한 일어로 깔끔하게 주문을 끝냈다. 일어도 영화로 배웠을까. 나도 돌아가면 좋아하는 고레에다 히로카즈 감독 영화를 열심히 봐 볼까 잠시 생각했다.

　마지막 날 여인은 예의 카고팬츠에 야상 점퍼 세트를 입었다. 점퍼 오른쪽 어깨에 새 한 마리가 나무에 앉아 있었다. 훤칠한 키에 무심하게 걸친 듯한 옷이 멋졌다. 수제품일까. 일본을 자주 다닌다더니 일본에서 산 건가. 식당에 들어가면서 여인이 점퍼를 벗었다. 점퍼 속에 회색 스웨터를 입고 있었다. 그런데 스웨터 오른쪽 팔꿈치에도 새가 살고 있었다. 바지 점퍼 스웨터가 화조도 세트였다. 어디서 샀는지 물어보고 세트까지는 아니더라도 카고팬츠만이라도 사 입으리라 생각했다. 하지만 여행 중 말을 섞지 않았으니 내가 알아내는 수밖에. 틈틈이 뽀짝거렸지만 헛수고였다.

　비행기가 세 시간이나 연착되었다. 별다른 구경거리도 없는 지방 공항에서 시간을 보내고 있었다. 그녀 일행은 조금 떨어진 곳에 앉아 다음에 갈 국내 여행지를 물색 중이었다. 누군가 마을 전부가 보라색이라며 신안 퍼플섬을 추천했다. 귀가 번쩍 열렸다. 내 고향이 아닌가. 바로 곁으로 가서 안내라도 해주고 싶었다. 며칠간 그들과 덩달아 우아함으로 일관했는데 남쪽 손바닥만 한 섬이 고향이라고 실토하는 일은 왠지 내키지 않아 간신히 참았다. 생각에 잠시 빠져있는 사이 퍼플섬은 탈락하고 여수로 낙찰되었다. 오호 통재라, 내 사랑 퍼플섬이여!

　아쉬움에 건너다보니 팔꿈치의 새가 그녀의 팔동작을 따라 올라갔다 내려갔다 했다. 기어이 저 화조도의 정체를 모르고 가는구나 싶었다. 옆에 있는 조카에게 첫날부터 저 카고팬츠가 눈에 밟혔다고, 나도 사고 싶다고 했다. 조카는 내 말을 듣자마자 "저거 못 살 텐데…. 디올이잖아요. 모자부터 신발까지 전부 다." 하는 게 아닌가. 세상에, 크리스찬 디올이었구나. 며칠을 끙끙댔는데 조카는 단번에 알아봤다니, 대단하다. 진즉 물어봤더라면 나는 땅띔도 못할 물건이니 넘보지 않고 바로 포기했을 텐데.

  여인의 캐리어에 '김ㅇ인' 이라는 이름표가 붙어있었다. 그녀를 본능적으로 검색했다. 그녀의 이름은 어디에도 나오지 않았다. 이어서 내 이름 석 자를 검색창에 두드렸다. 예서제서 글이 떴다. 무명 수필가가 디올을 이긴 순간이었다. 언젠가 동료 문우가 그랬다. 자신에게는 글이 있으니 명품 가진 사람이 부럽지 않다고. 그때는 속으로 콧방귀를 뀌었다. 그러나 그 순간만큼은 그 말에 급격히 공감했다. 영문도 모른 채 의문의 일패를 당한 그녀의 소매에서는 여전히 새가 오르락내리락하고 있었다.

(2024)

구봉침의 변신

 농지기만 하면서 하세월 기다렸다. 계절이 바뀔 때마다 어떻게든 얼굴을 내밀어보려 했지만 뽑히지 않았다. 손님이 오면 불러주려나 싶었지만 허사였다. 한번 태어났으니 본분을 다하고 생을 마쳐야 하는데 내 신세가 불쌍타. 꿈은 소박했다. 하룻밤만이라도 주인과 함께하는 것이었다.
 나는 구봉침九鳳枕이다. 네모난 얼굴에 일곱 마리 새끼를 거느린 봉황을 새기고 태어났다. 하얀 옷을 입고 목화와 함께 신혼집으로 왔다. 신혼부부 단꿈을 책임지리라 각오했다. 그때만 해도 박복한 운명이 기다리고 있을 줄 몰랐다. 원앙금침에서 운우지정을 나누는 주인을 어떻게 대할까 혼자 얼굴도 붉혔다. 한데 첫날밤도 지키지 못하고 바로 소박맞았다. 함께 온 목화도 마찬가지였다. 이유라도 알면 시원하련만 속수무책 당한 일이니 답답했다. 밤낮도 모르고 계절도 모른 채 어둠 속에서 살았다.

　밖에 나갔다 온 친구들은 나를 부러워했다. 몸에 땀이나 침 묻는 일은 다반사고, 눈물 세례를 받을 때도 있단다. 속살속살 베갯머리 송사를 할 때는 한없이 좋다가도 싸울 때 만만한 것도 우리란다. 깨지지 않는다는 이유로 쉽게 던진다니 상상이 안 된다. 나는 품위 있게 놀고 있으니 얼마나 좋으냐며 한숨이다. 품위로 말할 것 같으면 나를 따라올 친구가 없긴 하다. 화려한 얼굴은 차치하고라도 갖추갖추 입은 옷부터 친구들은 도저히 따라올 수 없는 갖춤새다. 양반 상것 따지는 세상은 아니지만 납작한 몸통에 통옷 하나만 두른 요새 것들은 상것이 따로 없다.

　목화는 십여 년 전 하루아침에 변신했다. 옆에 묵묵히 있어서 몰랐는데 지금은 귀물이라고 대접을 받았다. 녹의홍상을 벗어던지고 꽃무늬 옷으로 갈아입고 나타났다. 몸피도 날씬해졌다. 그 뒤 가끔씩 손님이 올 때면 나들이를 하고 온다. 지친 몸으로 피곤하다고 말을 아끼지만 부러울 따름이다. 그때 나도 울며불며 몸부림쳐서라도 따라 나갔어야 했다. 바깥 구경 한번 못하고 어둠 속에서 죽느니 나가서 산전수전 겪는 게 백배 낫다.

　내 마음이 통했을까. 대낮에 문이 열리더니 주인이 나를 찾았다. 생전 처음 있는 일이라 어안이 벙벙했다. 주인은 나를 안고 거실로 나왔다. 내 민낯을 들여다보더니 마음에 들었는지 환한 미소를 지었다. 세월은 흘렀지만 귀골로 태어났으니 인물이 어디 가겠는가. 덩달아 기분이 좋아졌다. 나를 잊지 않았다니 감격스러웠다. 삼십 년 독수공방 설움이 한순간에 사라졌다. 나를 주인이 잊으면 안 되지. 내가 누군가. 친정엄마가 해 준 혼수가 아닌가. 주인이 결혼할 때 친정엄마는 연세도 많고 혼수 해 줄 여유도 없었다. 막내딸 혼사에 겨우 목화와 나를 마련해 주었다. 내 얼굴은 수예사手藝士인 조카딸에게 특별히 부탁하여 받아왔다. 구봉침 봉황에게 막내딸 자손번창과 부귀영화의 염원을 담았으리라. 그런 나를 모른 척하더니 드디어 찾는구나 싶었다.

  주인이 거실 바닥에 신문지를 깔았다. 나를 올려놓고 태어날 때 입었던 무명옷을 벗기더니 몸을 이리저리 살폈다. 벗은 몸이 부끄러웠지만 새 옷을 입혀주려나 싶어 마음이 설렜다. 주인이 가위를 들고 왔다. 웬 가위일까? 생각할 겨를도 없이 무작스럽게 내 배를 가르는 게 아닌가. 사랑을 받아보지 못해 따뜻한 손길이 어떤지는 모른다. 하지만 이건 아니다. 알몸이라는 부끄러움도 오간데 없이 꾸역꾸역 뱃속 쌀겨를 토해내느라 정신이 혼미해졌다. 아직까지 버림받지 않았던 게 엄마 뜻을 알기에 그런가 했더니 그게 아니었다니. 엄마를 생각해서라도 내게 이러면 안되지. 배신, 허탈, 허무함이 한꺼번에 몰려왔다. 정신을 놓지 않으려 혼신의 힘을 다했지만 의식이 가물가물해졌다.

시간이 얼마나 흐른 걸까. 여기가 어딘가. 몸이 산산이 부서졌다. 다행인지 불행인지 쌍둥이 얼굴 한쪽이 나와 함께 누워 있다. 주인이 모르는 남자와 이야기를 나눈다. 주인이 얼마 전 식당에서 찍었다는 사진 한 장을 남자에게 보여준다. 사진 속에는 몸통은 없고 얼굴만 납작하게 유리 속에 들어 있는 친구 목단牧丹이가 있다. 나도 똑같이 만들고 싶은 거 같다. 남자는 보관을 잘했다고, 수가 정교하다고 칭찬이다. 주인은 친정엄마 유품이니 잘해 달라고 신신당부한다.

　나는 이제 주인이 아끼는 애장품이 되었다. 봉황으로 태어나 비록 곤륜산을 날아보지는 못하고 유리 속에 갇혀 있지만, 당당히 주인 거실 벽에 걸려 있다. 주인집 자손번창과 부귀영화를 빌면서.

(2023)

완판입니다

　안녕하세요. 대한민국 홈쇼핑 사상 최초 방송, 지금까지 이런 방송 없었습니다. 농수산물, 의류, 가전, 생활용품, 온갖 상품 다 등장했습니다. 물론 도서 상품도 많았습니다. 하지만 책 한 권으로 찾아뵙는 단독 방송 처음입니다. 생방송이고요. 30분, 시간 짧습니다. 자동주문 전화 연결하시고 채널 고정하세요. 지금 바로 출발합니다.

　어떤 책인지 소개해 볼게요. 수필집 『밤○○』입니다. 방송하기까지 담당 MD 님 정말 고생 많으셨어요. 왜? 책 선정 그냥 표지만 보고 할 수는 없잖아요. 출판사도 보고 최소한 머리말, 수필 열 편 정도는 읽어봐야 되잖아요. 지금은 글쓰는 사람도 많고 책 내기도 쉬워졌어요. 수필집도 어마어마하게 나옵니다. 날마다 수십 권씩 쏟아질 걸요. 그중에서 심사숙고해서 고른 책이 바로 이 책입니다. 수필집을 홈쇼핑에서 만난다? 상상도 못하셨지요. 특별히 편성한 가을 특집으로 오늘 이 기회 놓치시면 다시 오지 않습니다. 자동주문 전화로 빠르게 들어오시기 바랍니다.

이 책은 작가의 두 번째 수필집인데요, 50여 편의 글이 실려 있어요. 가족과 고향 이야기, 작가가 살고 있는 지역의 문화탐방 글과 이웃의 삶을 담았다고 머리글에 써 있네요. 뒤표지 글도 잠깐 볼게요. 작가의 글은 고향의 푸르른 바다를 닮아 청신하고 소담하다. 일상성에 바탕을 두고 있으나 생활 서정에 사로잡힌 수필과는 다르게 읽힌다. 이렇게 평론가님이 추천 글을 써 주셨네요. 고객님께서는 지금 홈쇼핑 사상 최초 방송, 아주 귀한 방송 보고 계십니다.

책 표지 보세요. 사람도 첫인상이 중요하듯 책도 표지가 중요해요. 어떠세요. 3747님, 날씨 스산한데 따뜻함이 느껴지네요. 맞아요. 빨강색인데 진빨강이 아니죠. 부드럽게 감싸주는 듯한 그런 색이죠. 저는 이 그림이 좋아서 거실 콘솔 위에 이렇게 세워놨어요. 화면 확대해 볼게요. 여기 길게 솟아 있는 거, 뭔지 아시지요. 솟대예요. 솟대는 마을 수호신이래요. 혹시 솟대 그림이 집에 있으면 지금처럼 어려울 때 고객님 가정을 지켜주지 않을까요.

표지만 이렇게 멋진가. 우리 MD 님이 설마 표지만 보고 내보내겠습니까. 수필은 신변잡기다, 시시콜콜한 이야기여서 거기서 거기다, 책만 보면 나는 졸립다, 이런 분들 얼른 들어오세요. 지금 서른 분이나 대기 걸렸습니다. 실은 이런 말까지는 안하려고 했는데 저 책 잘 안 읽거든요. 책만 보면 왜 그리 눈꺼풀이 내려오는지, 책이 바로 수면제에요. 그런데 정말 이 책은 제가 끝까지 다 읽었어요. 처음에는 방송해야 하니까 읽어야 된다고 숙제처럼 생각했어요. 전집도 아니고 한 권인데 마음만 먹으면 금방이잖아요. 밤 아홉 시쯤 무심히 들었다가 새벽 세 시까지 읽었어요. 다음날 방송 있어서 빨리 자야 하는데 책을 덮을 수가 없는 거예요. 가독성이라 하나요. 은근히 읽히는 힘이 있더라고요. 무엇보다 훈계조 글이 아니어서 술술 읽혀요. 쇼 호스트 오래하다 보면 이거는 터진다, 그런 느낌이 있거든요. 바로 이 책이 그랬어요. 지금 대기 갈수록 길어집니다.

　정가 12,000원 나와 있습니다. 단 한 번 가을 특집 생방송이고 홈쇼핑 사상 첫 방송이니까 가격 대폭 낮췄습니다. 약 33% 할인, 8,000원에 가져가세요. 2권에 15,000원, 3권 하시면 이만 원, 이렇게 구성되었습니다. 방송에서만 이 구성입니다. 종료까지 시간 13분 남았습니다. 지금 동시주문 고객 260분 넘어갑니다. 우리 학교 다닐 때 가을이면 등화가친, 독서의 계절 이런 말 많이 했잖아요. 지금 책 읽기 좋은 계절이지요. 커피 한 잔 마신다 생각하고 자신에게, 친구에게 선물해 보세요. 아이들에게만 책 읽으라 하지 마시고 우리 어머님들 먼저 책 들어보세요. 아이들 자연스럽게 읽게 됩니다.

세계문학, 아동문학 전집으로 사신 분들 많지요. 집안 장식품 되지 않았나요. 2745님 단골 고객님 들어오셨네요. 수필집 상품 신박하네요. 역시 단골 고객님, 이런 맛에 우리가 방송합니다. 4880님 10권 이상 구입하면 할인 있나요, 물론 있지요. 전화 상담하시기 바랍니다. 자주하는 방송이 절대 아닙니다. 요즘 택배 많이 받지요. 이 상품은 꼭 가족 앞에서 보란듯이 개봉하세요. 이번에는 화장품이나 옷이 아니고 책이잖아요. 책이라고는 상상도 못할 가족들 앞에서 짠 하고 보여주세요. 11분 남았는데 거의 매진입니다. 지금 상담 중인 전화까지만 받겠습니다. 단독 수필집 방송 완판입니다. 방송시간 10분이나 남았는데 먼저 인사드려야겠네요. 여러분, 고맙습니다. 지금까지 쇼 호스트 OOO였습니다.

두 번째 수필집이 60여 권 남았다. 수필집이 수필짐이 되어 오랫동안 박스 안에서 잠자고 있다. 내 딴에는 귀한 책을 창고에 놔둘 수 없어 안방에 모셔 놓고 대청소할 때마다 이리저리 옮긴다. 요즘 집콕으로 심심하다 보니 홈쇼핑에 팔면 어떨까, 제멋대로 상상 쇼를 해보았다. 다음에 수필집을 낸다면 굳이 이런 쇼까지 하지 않아도 될 완판을 꿈꾸면서.

(2020)

속담으로 쓴 자서전

강아지 발바닥만 한 섬에서 태어났다. 순풍에 돛을 달고 세월아 네월아 지냈다. 앞길이 구만 리 같은 호시절이었다. 집안 살림은 죽이 끓는지 밥이 끓는지 모르고 책만 들여다보는 아버지는 밤마다 호랑이 담배 피울 적 이야기를 들려주었다. 객지에 있는 자식들에게 보내는 편지를 쓸 때는 내가 방바닥에 엎드려 아버지가 불러주는 입말을 받아 적었다. 당구 삼 년에 폐풍월이라고 그때부터 호랑이 그리려다 고양이를 그리기도 했지만 귀신 씨나락 까먹는 소리를 끼적거리고는 했다. 고슴도치도 제 새끼는 함함하다 한다더니 될성부른 나무는 떡잎부터 다르다고 아버지는 내가 소설가가 되리라 굳게 믿었다. 오르지 못할 나무는 쳐다보지도 말아야 하는데 앉아 삼천리 서서 구만리인 아버지의 믿음에 나도 꿈을 꾸게 되었다. 참깨가 기니 짧으니 하는 우물 안 개구리로 사는 것에 뉘가 났다. 송충

이는 솔잎을 먹어야 하는데 갈잎을 먹고 싶었다.

　말은 제주도로 보내고 사람은 서울로 보내랬다. 집 떠나면 고생이고 우물가에 애 보낸 것 같다고 말렸지만 초년고생은 양식 지고 다니면서도 한다 했으니 나중에 삼수갑산을 갈지라도 개나 걸이나 다 가는 서울로 가고 싶었다. 서울은 눈 감으면 코 베어 먹는 곳이라 했다. 서울이 무섭다니까 과천서부터 기었다. 서울에는 겉 다르고 속 다를지는 몰라도 말은 청산유수고 씻은 배추 줄기 같은 사람들이 난다 긴다 하면서 살고 있었다. 나는 어디를 가도 꾸어다 놓은 보릿자루였다. 촌닭 장에 나온 것 같았고 개밥에 도토리 신세였다. 아무리 냉수 마시고 이 쑤셔봐야 알아주는 이가 없었다. 남이 장에 간다고 나도 거름 지고 나섰다가 바로 끈 떨어진 두레박 신세가 되었다. 나오느니 눈물이요 터지는 게 한숨이었다. 하지만 이미 엎질러진 물이었다.

　강산도 변한다는 십 년 동안 오라는 데는 없어도 갈 데는 많아 고삐 풀린 말처럼 뛰어다녔다. 쇠털 같이 많은 날 도랑물 수돗물 다 마시다 보니 절에 가서 젓갈을 얻어먹을 정도였다. 서울에서는 남이 지게 지고 제사를 지내건 말건 다들 내 코가 석 자니까 감 놔라 배 놔라 하지 않았다. 살다보니 빛 좋은 개살구에 속 빈 강정들도 많았지만 제 눈에 안경인 남자를 만나 귀밑머리를 풀었다. 키 크면 싱겁다지만 겉볼안이라고 속은 어질 것 같았다. 하늘의 별 따기처럼 천신만고 끝에 깎은 밤 같은 아들 둘을 낳고 나니 용이 비를 만난 꼴이라 입이 함박만 해졌다. 사는 것이 누워서 떡 먹기처럼 쉬워 보였다.

　남편이 사업을 시작했다. 바늘 넣고 도끼 낚을 심보는 아니었다. 핑계 없는 무덤 없다고 나라 경제가 어려워져 마파람에 호박꼭지 떨어지듯 옴나위도 못하고 넘어갔다. 까마귀 날자 배 떨어지고 고래 싸움에 새우 등 터졌다. 부자는 망해도 삼 년 먹을 것이 있다는데 부자가 되기 전에 망해 버렸다. 가지고 있던 모기 눈물만 한 것들을 곶감 빼먹듯 빼먹고 나니 옛 보릿고개가 따로 없었다. 발바닥에 불이 일고 입에 단내가 나도록 돌아쳐도 산 넘어 산이고 옹이에 마디인 날들을 견디느라 부처님 가운데 토막 같은 남편은 비 맞은 장닭이 되었다. 백짓장도 맞들면 낫다는데 방안 풍수인 나는 이불 속에서 활개만 치고 있었다. 석 달 장마에도 푸나무 말릴 볕은 난다. 고생 끝에 낙이 오고 쥐구멍에도 볕들 날이 있다. 하늘이 무너져도 솟아날 구멍이 있고 음지가 양지 되고 양지가 음지 된다. 옛말 그른 데 없다.

　넘어진 김에 쉬어간다고 글공부를 시작했다. 늦게 배운 도둑질에 날 새는 줄 몰랐다. 비단 올이 춤추니까 베올도 춤추고 숭어가 뛰니까 망둥이도 뛰었다. 남들은 누운 소 똥 누듯 하는데 나는 재주가 메주여서 선무당 장구 탓하고 서투른 과방이 안반 타박하듯 했다. 들은풍월 얻은 문자로 알은척하고 되글을 가지고 말글로 써먹고 공자 앞에서 문자 썼다. 꿈인지 생시인지 등단도 했지만 글은 가뭄에 콩 나듯 책에 실렸다. 하나 느릿느릿 황소걸음 걷다보니 여기까지 왔다. 말이 씨가 된다. 소싯적 꿈, 소설가가 아니어도 엎어치나 메어치나 매한가지 수필가가 되었다. 미꾸라지 용 되었다.

 강산이 여러 번 변했다. 차 치고 포 치던 남편도 이빨 빠진 호랑이에 날 샌 올빼미 신세다. 내 글을 읽고 입찬소리로 옥에 티를 가려내더니 이제는 쓰다 달다 말이 없다. 서로 소가 닭 보듯 닭이 소 보듯 하지만 척하면 삼천리고 메떡 같은 말도 찰떡같이 알아듣는다. 미운 정 고운 정 다 든 남편과 검은 머리 파뿌리 되도록 알콩달콩 살고픈 마음 굴뚝같다.

(2017)

목포에 눈물은 없다

　누군가 고향은 여행을 할 수 없는 곳이라 했던가. 고향에 올 때면 집안 대소사에 와서 쫓기듯 바쁘게 떠나는데 오늘은 오롯이 혼자 남아 목포 근대역사관에 왔다. 일본영사관으로 지은 붉은 벽돌 건물이다. 뒤에는 유달산이 앞에는 목포항과 삼학도가 한눈에 보인다. 백 년이 넘은 건물이지만 건재하다. 이곳은 해방 후부터 시청, 시립도서관, 문화원으로 사용하다 지금은 근대역사관이 되었다. 개항부터 수탈과 저항, 도시의 변천사가 실감나게 전시되어 있다. 건물 뒤쪽에는 자연 암반을 뚫어 만든 방공호가 있다. 어른 서넛이 나란히 걸어도 될 정도로 넓다. 전쟁 막바지에 한국인을 강제 동원시켜 만든 것이란다.
　40년 전, 내 여고시절에 이곳은 시립도서관이었다. 일층 작은 공간에 음악 감상실이 있어서 가끔 들어가 보곤 했다. 어둑한 곳에

긴 의자가 놓여 있었다. 진행자가 곡명만 간단히 알려주고 음악을 들려주었다. 시험문제로만 외우던 「비창」이나 「월광소나타」, 「사계」 등을 처음 들었다. 누가 그런 낭만적인 생각을 했을까. 그 뒤로 클래식과 온전히 친해지지는 못했지만 처음 접한 고전 음악이 오래 기억에 남았다.

도서관에 있다 심심하면 친구들과 동네 구경에 나섰다. 일본인이 살던 곳이어서 저택이 많았다. 무조건 큰 대문 앞에서 초인종을 누르고 집 구경 왔다고 하면 문을 열어주었다. 교복 입은 학생들이어서 쉽게 들어오라고 했을까. 집안까지 보지는 못했지만 정원은 마음대로 돌아다녔다. 조선내화 이훈동 사장 집은 신기한 나무들이 많았다. 호남에서 가장 넓다는 정원은 지금은 문화재로 지정되었다. 후손들은 '성옥기념관'을 지어 선생이 모은 미술품을 전시하고 무료로 개방하고 있다. 한국화의 거장인 남농南農 선생 댁도 좋았다. 우르르 몰려다니던 우리를 거실에서 건너다보던 선생의 의연한 모습이 떠오른다.

일본인 거리로 내려와 목포항 쪽으로 걸었다. 모 국회의원 덕분에 반짝 활기를 띠다 다시 잠잠해진 곳이다. 한낮인데도 촬영 끝난 영화 세트장처럼 조용하다. 이제는 연륙교가 많이 생겨 섬사람들이 드나들면서 흥성흥성하던 항구도 많이 쇠락해졌다. 고3 때 야간자율학습이 끝나고 버스를 타려면 선창가로 와야 했다. 부두 쪽으로 오다 보면 제주 다니는 배 가야호가 보였다. 가야호는 워낙 커서 멀리서도 눈에 확 띄었다. 제주 배가 들어오면 선창가는 한바탕 북새통을 이룬다. 그래서 목포에서는 시끌시끌한 일이 있으면 "제주 배 닿았냐. 왜 이렇게 시끄럽냐."라고 한다. 우리는 가까운 섬에 다니는 연락선과는 비교도 안 되게 큰 가야호가 궁금했다. 들어가 보려고 얼씬거렸지만 쉽게 태워주지 않았다.

발걸음 가는 대로 걷다보니 오거리다. 여기는 옛날에 목포의 최대 번화가로 오십 대 이상 목포 사람이라면 추억 한 보따리씩은 간직한 거리다. 지금은 목포의 원도심이라는 '목원동'으로 이름이 바뀌었다. 불 밝혀 옛 번성을 되찾아보려 했을까. 주변과 겉도는 듯한 루미나리에 구조물이 을씨년스럽게 서 있다. 이런 안간힘도 역부족인지 한 집 건너 빈 상가고 여기저기 유리문에 '임대문의' 종이가 나붙어 있다.

'옥단이길'이라는 이정표가 보인다. 캐릭터는 물지게를 지고 있는 처자다. 목포는 눈 감고도 다닐 수 있다고 생각했는데 옥단이라니, 생소하다. 날씨 겁나게 좋소잉. 입에 착 엥기는 구수한 말이 길바닥에 쓰여 있다. 옥단이를 따라 걷다보니 극작가 차범석 선생 생가다. 대문도 잠겨있고 문패가 있는 걸 보니 개인 소유인가 보다. 반세기 전 가족사진이 벽에 붙어있다. 대가족 속에 젊은 시절 선생의 모습이 뒷줄에 보인다. 대문 옆으로 쏙 들어간 자리에 '차범석 작은 도서관이 있다. 주차장이었는지 승용차 한 대가 들어갈 공간이다. 출입문인 한옥 창문을 살며시 열었다. 책을 들고 계신 선생의 캐리커처가 반겨준다. 자개 문갑 위에, 선반에 선생의 책이 가지런히 꽂혀 있다. 아담하지만 옛날 도서관에 음악 감상실을 만들었던 목포다운 감성이 흐른다. 집 담장에는 선생의 작품인 연극 포스터가 죽 걸려 있다. 그중에 팔순 기념공연이었다는 「옥단어(玉丹어)」가 눈에 띈다. 옥단이는 1930년대 초반부터 1950년대 후반까지 유달산 일대에서 물장수로 살았던 인물이란다. 선생은 어려서 봤던 옥단이를 주인공으로 「옥단어」를 썼단다. 연극으로 살아난 옥단이가 다시 물지게를 지고 씩씩하게 목포 골목을 누비고 있다.

바로 앞집은 '이난영과 김시스터즈' 전시관이다. 슈퍼 자리였는지 현진슈퍼 간판이 그대로다. 널빤지를 잇대어 만든 입간판이 아니었다면 지나칠 뻔했다. 한복저고리를 입은 이난영과 김시스터즈가 슈퍼 덧문에 그려져 있다. 김시스터즈는 이난영의 두 딸과 조카로 결성된 여성 보컬그룹이다. 아시아 걸그룹으로는 최초로 미국에 진출해 동양의 요정이라는 찬사를 받았다. 이난영을 기리는 노래비도 난영공원도 있지만 이렇게 작은 전시관이 골목에 숨어있다니 반갑다. 자개농과 자개 문갑 위로 공연 사진과 무대의상이 걸려 있다. 한쪽에 있는 축음기에서 이난영의 애절한 목소리가 금방이라도 흘러나올 것만 같다.

이난영은 〈목포의 눈물〉과 〈목포는 항구다〉를 불렀다. 국민 애창곡이지만 특히 목포 사람들이 즐겨 부른다. 예전이나 지금이나 목포에서는 이 노래가 무시로 들린다. 목포는 도시를 상징하는 노래를 두 곡이나 가지고 있다. 만고에 부러워할 일이다. 그런데 노래 때문에 목포가 눈물과 항구로만 묶여버렸던 것은 아닐까. 두 곡은 일제강점기 때 항구 도시의 슬픔과 한을 달래주었던 노래다. 이제 세월은 흐르고 흘러 설움도 울분도 없다. 아니 애초에 목포에 눈물은 없었다.

혼자 생각에 잠겨있다 전시관을 나왔다. 옥단이가 알려주는 '예술인골목'으로 들어섰다. 여기가 진짜 볼거리라는 듯 목포 출신 예술인들을 한자리에 모아 놓은 벽화가 보이고 유달산 위로는 케이블카가 유유히 오가고 있다.

(2021)

어느 노老 교수의 봄날

첫째 수요일 꿈빛도서관

회원 열 명 남짓, 대부분 퇴직 공무원이다. 나도 정년퇴임하고 나갔으니 15년째다. 가장 연장자가 96세이고 평균 연령이 85세쯤 된다. 독서모임인데 독후감이나 산문을 써도 되고 그냥 참석만 해도 된다. 도서관에서 장소도 제공해 주고 프린트도 해준다. 나는 지난 2월에 타계한 오탁번 시인의 명복을 빌면서 「오탁번 시에 나타난 고유어」를 가져갔다. 그의 작품 속에는 우리말 어휘가 풍부하다. 그 중에서 120여 개만 살펴 본 글이다. 코로나19도 굳건히 이겨내고 다시 만난 어제의 용사들이 반가웠다.

둘째 화요일 이화묵자

소설 모임이다. 이제는 공부보다 사는 이야기가 더 재미있다. 해서 '주부토(부천시 삼국시대 이름)'라는 고상한 이름에서 '둘째 주화요일에 만나서 묵고 놀자'라는 '이화묵자'로 개명했다. 물론 소설 쓰면 합평도 한다. 다섯 명인데 강화에 신 선생, 강남에 강 선생, 중간에 세 명이 사니까 주로 중간에서 만난다. 세미나 명목으로 강화에 가서 일박하면서 심도 있게 공부도 한다. 오늘은 강 선생이 신춘문예 당선 기념으로 한턱 쐈다. 기분 좋게 축하연을 하고 신 선생이 몫몫이 싸 온 쑥떡을 들고 와 저녁으로 먹었다.

셋째 목요일 활량리

활량리에 갔다. 활량리는 돌맞이역에 있는 한식집 이름이다. 주인장은 동네 터줏대감으로, 옛 주민들의 요청에 따라 목요일마다 서울식 추어탕을 한다. 서울식 추어탕은 미꾸라지를 통째로 쓴다. 그곳에 가면 막은데미, 다릿굴, 안감내, 부석굴, 치마바위, 참내, 고갯말 등 어릴 적 정겨운 지명이 각 방에서 쏟아져 나온다. 죽마고우인 홍선이, 인홍이와 오늘도 활량리에서 추어탕을 먹었다. 인홍이는 장모님 수발 때문에 삼 년 전 동두천으로 이사했다. 홍선이만 비록 산비탈 연립주택에서 어렵사리 사는 처지지만 우리들의 고향 막은데미를 지키고 있었다. 그런데 그의 아들이 사업을 벌였다가 파산하여 큰 빚을 떠안게 되었다. 홍선이는 하는 수 없이 집을 처분하여 아들 빚을 청산하고 인홍이가 사는 동두천으로 떠난다고 했다. 우리는 어둑발이 내리도록 소주를 들면서 활량리에 앉아 있었다.

셋째 토요일 하우고개

수필 공부하는 날이다. 올해 27년째다. 유치원 아이들 손잡고 왔던 제자들도 이제 환갑이 넘었다. 일로향실 찻집, 수제비집, 문학도서관을 거쳐 지금은 마을공동체인 모지리에서 만난다. 오늘은 모두 글을 써 왔다. 고지식한 성격 때문에 합평회 때 힘들어하는 제자들도 있었으리라. 그래도 지금까지 같이해 온 제자들이 책도 내고 여기저기 활동하는 거 보면 세월이 헛되지 않았구나 싶어 뿌듯하다. 지난달 내 팔순 때는 제자들이 한흑구문학상 시상식, 시문학파문학관, 원서문학관 등 추억이 담긴 영상을 만들어 주었다. 또 평소 얌전하던 제자들이 재롱잔치를 찐하게 해서 손님들께 큰 웃음을 선사했다.

25일 B대학

B대학에서 함께 근무했던 동료들이다. 한 사람은 총무과장을 지냈고 다른 한 사람은 인쇄실에서 일했다. 세 사람이 각기 다른 일을 했는데 어떻게 친구가 되었느냐고 의아해 하는 사람이 많지만 우리는 예비군 시절부터 서로 죽이 잘 맞았다. 퇴직 후에도 매월 연금이 나오는 25일에 만난다. 원미산 한 바퀴를 돌고 소머리국밥을 안주삼아 막걸리를 마신다. 오늘은 비가 내려 바로 국밥집으로 갔다. 인쇄실장이던 윤 선생 이야기다. 윤 선생은 매일 새벽기도를 하고 근처 공원으로 출근한다. 매점에서 커피를 마시는데 가격이

한결같이 500원이었다. 어느 날 매점 주인이 바뀌면서 천 원으로 찻값이 대폭 인상되었다. 갑작스런 사태에 사람들은 불매운동에 돌입하였다. 일주일이 되는 날 매점 주인은 가격을 종전대로 환원하였다. 공원은 다시 평온을 되찾았다. 평범해 보이는 이 얘기에 나는 민초들에게 감춰진 혁명의 불씨를 감지했다.

  넷째 금요일 복사골

  복사골문학회 원년 회원 10명이 모이는 날이다. 서른 해가 훌쩍 넘었다. 한창 나이 때 글벗으로 만나 지난 반생을 길벗으로 살았다. 곤드레밥을 먹고 옆 카페에 가서 차를 마셨다. 지난번에 시인 안 선생에게 향가를 모티브로 한 현대시가 있으면 좋겠다는 생각에 시작詩作을 권유했다. 오늘 안 선생이 신향가新鄕歌「연꽃으로 피다」(서동요),「꽃을 꺾어 바치오리다」(헌화가),「어떤 이별」(제망매가), 세 편을 들고 왔다. 인생의 고갯마루에서 지나온 세월을 되돌아보니 한 일이라고는 별반 없고 회한만 가득하다. 그런 중에도 딱 하나 재능 있는 사람들의 문재文才를 알아보고 고무 격려한 작은 공은 있지 않을까 싶다. 안 선생의 시가 반갑고 고맙다.

  나는 교수님이 셋째 토요일에 만나는 '하우고개' 회원이다. 27년째이지만 배움이 짧아 아직 하산을 못하고 있다. 지난봄에 교수님은 팔순 기념으로 산문집을 출간하고 잔치를 하셨다. 우리는 뽀글이 가발과 몸뻬 바지를 입고 재롱잔치를 해드렸다. 지난 세월에 보답하는 길은 그것뿐이라는 듯 마음껏 망가졌다. 평생 이태준 연구와 소설어 어휘사전을 펴내면서 학자로 살아오신 교수님. 이문구 선생께서 '진국'이라고 인정하신 교수님. 얼마나 놀라셨을까.

 교수님, 이제 진정되셨지요. 교수님의 봄날이 계속되길 빌어요. 우리도 이제 묵자클럽으로 바꿔주세요.

(2023)

벚꽃 아래 언니들

 봄이 수런댄다. 벚꽃 아래서 노인들이 볕바라기를 하면서 담소를 나누고 있다. 나는 예닐곱 발짝 떨어진 원목 테이블에 앉아 봄맞이 중이다. 달걀 값이 올랐다는 이야기 끝에 시민회관이 튀어나왔다. 신혼 때 그 근처에 살아서 반가웠다. 들려오는 말을 건성으로 듣다 귀를 활짝 열었다.
 시민회관 앞 빌딩이 우리 집 자리잖아. 집이 백오십 평이었으니까 엄청 넓었지. 뒷마당에 칠면조랑 닭이랑 길렀어. 닭이 낳은 계란을 바로 먹으면 얼마나 맛있는지 몰라. 벌써 30년 전이네. 완벽한 표준어에 카랑카랑한 목소리다. 슬몃 건너다보았다. 노인은 초록색 누비옷에 밤색바지, 회색 선캡을 쓰고 있다. 마스크와 모자만 벗고 저대로 예식장에 가도 어울릴 단정한 매무새다. 나는 칠면조할머니 이야기를 더 듣고 싶었다. 하지만 노인들은 저택 자랑에 멀미가 나는지 말머리를 돌려버렸다.

　감자떡 하나 잡숴 봐. 조금 굳었어. 감자떡은 굳어도 맛나. 난 마스크 벗어야 되니까 안 먹을래. 칠면조할머니는 수틀렸는지 감자떡을 밀친다. 노인은 더 권하지 않고 바로 거둔다. 그릇 이쁘네. 우리 메느리가 시집올 때 해왔어. 서울서 이사 올 때 살림 다 버리고 부녀회 행사 때 그릇 죄다 내놨어. 서울에서 밀려난 감자떡할머니가 궁금하다. 버릴 거 버리고 묵새긴 세월 덕분일까. 넉넉한 몸집에 여유 있는 표정이다. 총무 언니가 그릇 걷고 부녀회에서 밥 해먹고 그랬잖여. 행사하면 밖에까지 쭉 차라서 먹고. 그때는 영감들도 많았제. 이제 부녀회도 없고 영감들도 몇 안 남고. 그게 언제 적 얘긴디. 지금은 노인정에서도 못 해먹게 한디. 코로나 땜에 그렇지. '아, 옛날이여'에 한창 젖어있는데 자그마한 노인이 밀차를 밀고 온다.

　노인은 석쇠무늬 밀차 위에 그대로 앉는다. 301호는 거기서 넘어졌대매. 어떻게 앉았는디 넘어졌으까. 귀퉁이에 앉았는지 옆으로 비그르르 주저앉았어. 안 다쳐서 다행이제. 구르마 부서진 거는 괜찮은디 다칠까 봐 인자 암도 못 앉게 해. 장갑 좋네. 어디서 산 겨. 자유시장에서 울 아들이 사 왔어. 6천 원 줬대여. 구루마 밀라면 장갑 껴야 혀. 작년에 장갑 안 끼고 댕겼더니 손만 까매. 그런 거 보면 하나 사다 달라 혀. 돈 주께. 위에는 천이고 아래는 가죽이여. 손가락 끝에 돈 시는 것도 있어. 돈 세는 게 아니고 핸드폰 하는 거야. 칠면조할머니의 일침이다. 나는 여직 돈 시고 벨 누르는 건지만 알았네. 한바탕 웃음소리에 벚꽃도 살랑살랑 따라 웃는다.

802호 언니네. 병신팔자 아니끼에 반 년이나 병원에 있었는디도 저렇게 짱짱하게 걷네. 허리 꼿꼿한 거 봐. 날마다 저렇게 걸어 다니잖여. 분홍꽃무늬 모자를 쓴 노인이 놀이터 쪽에서 걸어오고 있다. 오늘도 만보 걸었네. 모자할머니가 혼잣말을 하면서 화단 경계석에 앉는다. 아래층에서 아침부터 들들들 난리여. 집수리한다고 도장 찍으러 왔는디 안 찍어 줬어. 그냥 수리해도 좋다고 해도 계속 남자가 서 있드라고. 밤에 아들 오면 오라고 해도 안 가고 나중에는 문까지 쾅쾅 뚜들겨서 무섭드라고. 도장을 찍어줘야 가지. 무서워서 어떻게 문을 열어 줘. 우리 딸은 집수리 할 때 설탕 한 포씩을 죄다 돌렸대. 그랑께 다 좋아하드랴. 어디 사는디. 평촌. 평창, 멀리 사네. 거기도 아파트가 있어. 그럼 많채. 평창이 아니고 안양 옆에 평촌. 귀 어둔 노인에게 칠면조할머니가 쐐기를 박는다. 그러거나 말거나 노인들 대화는 계속된다. 딸만 거기 살고 아들들은 서울 살어. 서울 어디. 발산동. 우리 딸은 은마아파트 사는데 재개발이 안 된다고 난리네. 국회의원이 살고 있어도 안 된다네. 칠면조할머니가 은마아파트를 들고 나온다. 아이고 좋은 데 사네. 은마가 아니라 금마라는디. 서울 살아 본 감자떡할머니가 강남아파트 위세를 아는지 거든다. 우리 딸은 집 재개발된다고 좋아하던디. 밀차할머니도 재개발에 할말이 있다. 어딘디. 화곡동 빌라. 빌라는 싸디 싸. 단칼에 빌라가 엎어져버린다.

모자가 못 보던 거네. 밀차할머니는 엎어진 빌라를 세우지 못하고 모자로 눈을 돌린다. 행자가 줬어. 멋쟁이가 쓰던 거여서 역시 이쁘네. 그런데 그거 잘못 쓴 거 같은디. 거꾸로 써 봐. 그게 맞네. 거기가 껍닥이여. 표딱지가 속으로 가야재. 꽃이 밖에 와야 된 줄 알고 여태 디집어 쓰고 댕겼네. 꽃도 이쁘긴 한디 제대로 써야재. 행자는 으째 언니만 준대. 저번에 옷도 줬담서. 웃도리 두 개나 줬어. 아이고 뭐하러 남 입던 거 입을라고 혀. 저런 모자 다이소 가면 이천 원이면 사. 이천 원에 어떻게 저런 것을 사까. 그라고 멋쟁이가 백화점에서 사재 다이소에서 사것어. 딸이 백화점에서만 사준대. 딸하고 맨날 백화점에서 점심 먹고 댕기잖여. 딸이 위험하다고 노인정도 댕기지 말고 밖에도 나가지 말라고 했다야. 어쩐지 요새 안 보인다 했제. 우리 딸이 마스크만 잘 쓰먼 된디야.

벌써 4시네. 들어갈라고. 집에 엿 붙여 놨어. 영감 보러 가야재. 아이고 영감 없는 사람 서러버라. 해 안 비치니께 등허리가 써늘하구만. 저짝 해 들온 데서 더 있다 가. 언니들이 소지품을 거듬거듬 걷어 안는다. 나도 할 일이 생각났다는 듯 핸드폰에 벚꽃을 담는다. 밀차할머니가 고개를 잦히고 벚꽃을 올려다본다. 이놈보다 동사무소 앞엣것이 더 이뻐. 거기 가서 그놈 찍어. 나는 일부러 그놈들 볼라고 그리 돌아 댕겨.

  아파트 그림자가 공원에 길게 눕는다. 벚꽃 아래 언니들의 봄날 하루가 지나가고 있다.

(2021)

어슬렁 청계천

　청계천을 둘러보는 모임이 있다 해서 갈까 말까 망설이다 가기로 마음먹고 출근시간 지하철을 탔는데 앞에 앉아 있는 아가씨가 자기 집 안방인 양 역 서너 개를 지나는 동안 날마다 연습한 덕인지 가히 예술의 경지에 가까운 화장을 하고 있어 지루한 줄 모르고 구경하다, 핸드폰이 울어 열어보니 모임 단톡방에 '왕십리' 하면 떠오르는 것이 무엇인지 묻는 설문이 들어와 있어 소월의 시 「왕십리」가 생각나 "가도 가도 왕십리 비가 오네"로 적어 보내고 상왕십리역에서 내려 약속 장소로 가니까 모두 도착하여 기다리고 있어서 미안한 마음이 들었지만 설문의 답이 대부분 '왕십리 곱창' 김흥국의 「59년 왕십리」였는데 소월을 생각한 사람은 나 혼자였다고 해서 기분이 좋아져, 소월이 청담동에 살던 친구 나도향을 만나러 다니면서 「왕십리」를 썼고 14살 때 할아버지 친구였던 벽초 홍명희의 딸과 결혼했지만 오순이라는 여자를 사랑해 시 「초혼」을 지었다는 이야기가 귀에 쏙쏙 들어와 발걸음도 가볍게 무학로 00길 주소가 있는 상가 앞에서부터 '어슬렁 청계천'을 시작했는데, 조선 초에 무학대사가 도읍을 정하려고 이곳까지 와서 도선대사의 변신인 늙은 농부로부터 십 리를 더 가라는 가르침을 받았다고 전하는 데서 왕십리가 되었으며 그때부터 지명에 무학이나 도선이 많이 들어가게 되었고, 청계천은 특이하게 서쪽에서 동쪽으로 물이 흐르고 살곶이다리가 있는 중랑천에서 물길이 만나 한강을 거쳐 서해로 나가는데, 처음 이 투어를 기획할 때는 구보 박태원의 『천변풍경』과 「소설가 구보씨의 일일」을 생각했으나 구보 외에도 청계천에 많은 문인과 문학작품이 연관되어 있어 두루두루 살펴보는 하루가 될 거라고 하면서 청계천박물관까지 걸어가니까 마침 『천변풍경』 전시가 열리는 중이어서 빨래터와 이발소 평화카페 한약국집을 재현해 놓았는데 소설 속 한약국집 신혼부부 모델이 구보 부부였고 원래도 구보는 서울 태생이고 한약국집 아들이었으니 구보가 서울말을 가장 잘 구사한 작가가 될 수 있었음은 이러한 배경이 있었기 때문인데, 둘러보던 중 갑자기 바닥으로 물이 쏟아져 깜짝 놀라서 보니까 일부러 소설에 나오는 장마 풍경을 연출해 놓아 중절모 널빤지 등이 물살에 떠내려가는지라 그걸 잡아보려다 허탕치고 나와, 봉준호 감독이 보낸 화환을 보고 봉 감독이 구보의 외손자임을 잠시 떠올리다가 우리나라 최초의 재래시장이면서 광통교와 장통교 앞 글자를 따 광장시장으로 발길을 옮겼는데, 소설가 박완서는 혼자된 올케가 여기서 포목점을 열고 수입이 생기자 가장 역할을 벗고 서둘러 결혼을 하고 결혼 전 미8군 PX가 있던 동화백화점에서 초상화를 그리려는 사람들을 초상화부에 소개시켜 주는 일을 하면서 초상화부에서 그림을 그리던 박수근과 인연을 맺는데, 그 이야기를 소설 『나목』으로 써서 40세 늦은 나이에 작가가 되고 한국 대표 여성작가로 무수한 소설을 남겼는데 훨씬 전 동화백화점이 미쓰코시백화점일 때, 뭐하고 다니느냐는 아내의 악다구니를 듣고 거리를 배회하던 이상의 「날개」 주인공은 문득 백화점 옥상에 서서 경성 시가지를 보고 있는 자신을 발견하고 순간 겨드랑이에서 가려움을 느끼면서 "날개야 다시 돋아라, 날자 날자 한번만 더 날자꾸나."라는 환시에 시달리는 배경으로 미쓰코시백화점이 등장하는데 지금은 신세계백화점 명품관으로 변해 옛 모습은 찾아 볼 수 없고 『소설가 구보씨의 일일』에서 너댓 살 되어 보이는 아이를 데리고 승강기를 기다리고 있는 젊은 내외를 보고 구보는 그들을 업신여겨 볼까 하다가 문득 생각을 고쳐 그들을 축복하여 준 화신백화점이 있던 곳에 세워진 가운데가 뻥 뚫려 있고 꼭대기는 서울 시가지가 내려다보이는 레스토랑이 있는 종로타워를 길 건너에서 쳐다보다가 덕수궁 쪽으로 가는데 원래 지금 서울시청이 있는 곳까지 다 궁이었고 덕수궁 돌담길 옆에 있는 미 대사관저는 미국 땅이 되어버렸다는 이야기를 들으면서, 중명전이 어떤 곳인지도 모르고 처음으로 들어섰는데 을사늑약 체결의 아픔이 서린 곳임을 알고 부끄럽기도 하고 이제라도 알았으니 다행이기도 하다 생각하면서, 일정을 마치고 지하철역으로 향하던 중 덕수궁미술관에서 '내가 사랑한 미술관:근대의 걸작전'이 열리고 있다는 안내를 보고 종일 강행군을 한 뒤여서 그냥 오려다가 들어가 기라성 같은 근대 화가들의 작품을 보는데 특히 『근원수필』을 쓴 김용준의 그림을 처음으로 봐서 반갑고 청계천 빨래터는 아니지만 박수근의 「할아버지와 손자」는 푸근하고, 이상과 초등학교 동창인 구본웅이 이상을 그린 「친구의 초상」도 있어 피곤이 싹 가시고 어슬렁 청계천의 방점을 찍은 느낌이 들어 덕수궁을 나와 지하철역으로 향하면서, 구보가 이상이 운영하던 다방을 배경으로 쓴 한 문장 소설 「방란장 주인」을 본며, 오늘 돌아본 청계천 이야기를 '한 문장 수필'로 써 보면 어떨까 생각하면서 퇴근 시간 북적이는 지하철에 몸을 실었다.

(2018)

2부

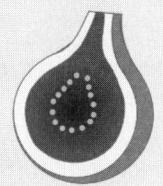

부록 같은 가을날

아사코의 독백

랜선 애인

동네 카페

삼호 무화과

층견 노이즈

집콕 덕분에

누가 봐도 부천 사위

방생매와 두 얼굴

부록 같은 가을날

팔과 어깨가 무지근해서 한의원에 갔다. 40대 초반의 여의사는 확실하게 낫게 해준다고 장담했다. "빠른 쾌유를 짝짝짝 ㅇㅇ한의원" 씩씩한 구호를 외치면서 침을 놔주었다. 만병의 근원은 혈액순환에서 온다는 말도 설득력이 있었다. 한 달쯤 지나자 한약을 먹어야 치료가 빠르다고 갈 때마다 권했다. 시큰둥하자 한 포씩 포장된 약을 먹어보라고 주었다. 그녀의 과다한 치료 욕구가 부담스러워 오래 다니려던 마음을 접었다.

병은 소문을 내라 했던가. 아픈 사람이 왜 이렇게 많은지, 거의 다 전문의 수준으로 치료 방법을 알려주었다. 진짜 의사인 조카에게 물어 학회 선생을 소개받았다. 그 병원은 지하철과 버스를 타야 했다. 그러나 나을 수만 있다면 어디든 못 가랴 싶어서 찾았다. 진료실 문을 열었다. 지긋한 나이겠지 생각했는데 젊었다. 눈도 코도 몸도 동글동글해서 인상이 부드러웠다. 모니터를 들여다보는 눈빛은 어려운 문제를 푸는 소년처럼 진지했다. 키보드 위에서 움직이는 손가락은 반드러웠다. 날씨가 더운 건가. 갈색 셔츠를 팔꿈치까지 걷어 올렸다.

손을 올려보라고 했다. 나는 책상 옆에 서서 왼손을 들어올렸다. 올라가던 손이 앞으로나란히 동작에서 멈추었다. 팔꿈치에 오른손을 받치고 최대한 올려보려 했지만 역부족이었다. 옆으로 뒤로는 더 어려웠다. 오십견이라 했다. 어깨 한번 만져보지 않고 명의처럼 즉시 진단을 내렸다. 세 달 정도 치료하면 괜찮아질 거란다. 머리를 책상에 대고 엎드리라고 했다. "옷 좀 올리겠습니다."라는 말과 함께 티셔츠 끝자락이 목까지 올려졌다. 등으로 찬바람이 훅 지나갔다. '무슨 브래지어를 했더라.' 생각하는 순간 주삿바늘이 등에 따끔 꽂혔다. 속옷을 이리저리 들추고 비껴가면서 주사는 계속되었다. 온몸에 힘이 들어갔던가. "자 자, 힘 빼세요. 그래야 덜 아파요." 주사고 글이고 힘을 빼야 하는 거는 똑같구나, 이런 순간에도 글이 생각나다니 웃음이 나왔다. 침대에 엎드렸다. 다시 등, 팔, 목까지 두루두루 주사기가 넘나들었다. 집에 와서 주사 자국에 붙인 반창고를 떼니까 열여덟 개나 되었다.

일주일에 두 번씩 병원에 다녔다. 가기 전날은 남편 손을 빌려서 등에 바디로션을 듬뿍 발랐다. 주사를 맞는 뒷목에 쓰지 않던 향

수도 뿌렸다. 색깔별로 사 놓고 입지 않던 속옷도 챙겨 입었다. 날씨가 좋은 날은 지하철에서 내려 곱게 물들어 가는 나뭇잎들을 보면서 걸었다. 한참 걸어야 했지만 동글동글한 그의 얼굴만 생각하면 발걸음이 가벼웠다. 지난번에는 이제 주사를 잘 맞는다고 칭찬까지 듣지 않았던가. 글은 아니지만 주사만큼은 힘을 제대로 빼는 경지에 오른 것인가. 그래도 쇄골 주변에 주삿바늘이 들어갈 때는 긴장되었다. 그가 "무서워요? 내가 목에 50만 번 정도 놔 봤으니까 괜찮아요." 했다. 소소한 이야기를 나누기 시작한 게 그때부터였나.

　주사를 다 맞으면 간호사가 나가고 둘만 남았다. 개원한 지 18년인데 코로나 때 입원실을 없애고 병원 규모를 줄였다고 했다. 안식년을 즐기는 친구 말을 할 때는 조금 피곤한 기색이 스쳐 지나갔다. "아직 60 안 되셨죠?" 뜬금없는 내 말에 나보다 열 살이나 아래인데 자기가 정말 그렇게 보이냐고 실망하는 표정이었다.

　그는 주사를 다 놓고는 내 뒤에 서서 팔을 잡고 돌리기 연습을 시켰다. 그럴 때 그의 오른팔은 내 오른쪽 어깨를 넘어와 가슴과 목 사이로 길게 놓였다. "지난주에 뭐 했어요? 팔이 잘 안 올라가네요." "살림했어요." 이런 이런, 살림이라니, 말을 주워 담고 싶었다. '실은 제가 글을 쓰는데 지난주는 컴퓨터 앞에 오래 앉아 있었어요.' 이렇게 우아하게 말해야 했는데. "살림하는 게 가장 힘든 일이지요." 그의 뜻밖의 말에 팔을 돌리면서 몸이 앞으로 쏠렸다. 그는 얼른 오른팔에 힘을 주고 내가 넘어지지 않게 꽉 잡았다. 그 바람에 뒤에 서 있던 그의 몸이 확 달려들어 밀착되었다. 다시 넘어질까 봐 그랬는지 그는 계속 그대로였다. 몸과 몸이 포개지듯 가까워지자 그의 입이 내 귓가에 와닿았다. 창밖 단풍잎들만 보는데 어쩌랴 싶었다.

그런데 이게 무슨 냄새일까. 담배 냄새도 아니고, 컴퓨터 옆에 놓여 있는 커피 잔에서 나는 냄새도 아니고, 오랜만에 뿌린 내 향수 냄새인가. 낙엽 썩는 냄새 같은…, 그것은 그 남자의 구취口臭였다. 세 달은 아직 안 되었고, 내 팔은 아직 올라가지 않는데 어쩌나. 반전 없는 본문 같은 일상에서 부피는 얇으나 산뜻한 부록 같은 날들이었는데. 짧은 가을날이 끝나려나. 그 때문이었을까. 그날 거리는 온통 바스러진 낙엽 천지였다.

그날 밤, 남편에게 반창고를 떼어달라고 등을 내밀었다. 남편은 반창고를 다 떼고 나서 등을 살짝 때리면서 "보리 서 말은 너끈히 갈겠네." 했다. 등짝 넓다고 남편이 하는 농담이었다. 들을 때마다 뾰족한 말로 응수했는데 그날은 그 말이 감미롭게 들렸다.

(2024)

아사코의 독백

피천득 선생이 돌아가시기 이태 전, 'TV책을 말하다'라는 프로에 나오셨다. 수필 「인연」을 극으로 만들고 미국에 살고 있는 주인공 아사코를 찾는 내용이었다. 오래전 일이 다시 생각난 건 오늘 읽은 소설 이상의 「날개」 이어쓰기 때문이다.* 미스코시 백화점 옥상에서 "한 번만 더 날아보자꾸나."라고 외치며 끝나는 소설의 다음 이야기를 소설가 여섯 명이 다양하게 풀어썼다.

그럼 나는 수필 이어쓰기를 해볼까. 사람들이 익히 아는 수필로 해야겠지. 해서 피천득 선생의 「인연」이 생각났다.

나는 아사코입니다. 아침에 낳았다고 아사코라고 했답니다. 이름을 생각해 본 지도 오래되었네요. 이 나이가 되고 보니 이름 쓸 일도 별로 없어요. 며칠 전, 책 한 권을 선물 받고 새삼 이름을 다시 생각했답니다.

고국에 다녀온 지인이 책을 한 권 사 왔습니다. 서점에 들렀다 이 책을 보았다네요. 이 책 작가와의 인연을 말한 적이 있는데 지인은 그것을 잊지 않고 있었나 봐요. 일본에서 책이 나온 줄은 몰랐습니다. 요즘은 눈이 침침해서 책 읽기도 쉽지 않아요. 그래도 나를 주인공으로 쓴 글이 있는데 안 읽을 수가 없지요.

내가 나오는 글부터 먼저 읽었습니다. 작가 대표작으로 교과서에도 실렸다지요. 영광스러운 일이지만 오래전 일이라 정말 내게 있었던 일인가 싶네요. 내 이름 아사코는 맞는데 아버지를 미우라 선생이라 했네요. 아버지는 미우라가 아닌데요. 하지만 어릴 적 살던 시바쿠 고향집은 단번에 떠올랐습니다. 온 동네에 봄을 알리던 목련 나무도 뜰에 있던 나무들도 생각났습니다. 꽃밭에서 피어나던 일년초 꽃들도 눈에 선하고요. 어머니 목소리가 옆에서 들리는 듯도 했습니다. 부모님은 저를 멀리 보내고 노후를 쓸쓸히 보내셨지요. 젊어서는 사느라 바빠 부모님 마음을 헤아리지 못했는데 요즘 부모님 생각이 자주 납니다.

기억 속에 자그마한 키에 얼굴이 동그란 학생이 현관에 서 있습니다. 봄날 저녁 아버지와 함께였지요. 집에 손님이 오기는 처음이었어요. 그것도 경성에서 온 손님이라니요. 어머니는 미리 알고 계셨는지 학생을 바로 내 옆방으로 안내했습니다. 나는 처음부터 '오빠'라고 불렀어요. 한 번도 불러보지 못한 오빠라는 말이 스스럼없이 나와 나도 놀랐어요. 오빠 있는 친구가 부러웠는데 그래서였을 거예요. 친구에게 자랑하고 싶어 토요일에 오빠와 학교까지 산보도 했답니다. 어머니 몰래 꽃밭에서 스위트피를 따다 오빠 책상에 꽂아두기도 했고요. 어머니는 꽃 꺾는 걸 싫어했는데 꽃병에 꽃을 보고도 나무라지 않으셨어요. 목련꽃이 지고 잎이 돋을 무렵 오빠는 경성으로 돌아가 버렸어요. 오빠가 떠난 뒤 한동안 허전했지요. 그럴 때마다 오빠가 주고 간 안데르센 동화책을 꼭 그러안았습니다.

4년 전 여름, 뜻밖의 전화를 받았습니다. 잘못 걸려온 전화려니 하고 끊으려는데 자신을 방송국 기자라고 하더이다. 내가 졸업한 학교와 이름을 정확하게 말하면서요. 까마득히 잊고 있던 젊은 시절이 순간 떠올랐습니다. 작가와 책 이야기를 나누는 텔레비전 프로가 있는데 내가 글의 주인공이라더군요. 한국에서 유명한 사람이라는데 나를 어떻게 안다는 말일까. 미국으로 이민 온 지 반세기가 지났는데 나를 찾아내다니, 조금 겁도 났습니다. 하지만 궁금한 것은 못 참는 성미이고 무료한 날들이라 인터뷰를 허락하였지 뭡니까.

방송 녹화 날 전화기 앞에서 기자와 함께 기다렸지요. 내가 나오는 글을 기자가 미리 보내주어서 읽어본 후였지요. 긴가민가한 내용도 있었지만 화상통화를 한다니 직접 물어보면 되겠다 싶었어요. 분홍색 카디건도 입고 화장도 좀 했습니다. 골주름 뚜렷한 얼굴이지만 조금이나마 화사해보이고 싶었거든요. 기자는 학교 앨범에서 찾았다는 내 사진을 보여주었습니다. 앞머리를 바짝 올린 남학생 같은 모습이었습니다. 작가는 나와의 만남을 모른다고 했습니다. 사진을 보여주고 나서 깜짝쇼처럼 나와 전화를 한다고 했지요. 열일곱 살 청년이 구십이 넘었다니 믿기지 않았지만 나도 팔십인데 싶었습니다. 그런데 어찌된 일인지 전화가 오지 않았습니다. 안절부절못하던 기자한테 들은 이야기로는 만나볼 생각이 없다고, 살아있다는 소식만으로 기쁘다고 했답니다. 만나기는 싫다면서 녹화 끝나고 내 사진은 챙겨 갔다네요. 싱거운 양반이네 싶었지요. 그때는 서운했지만 지금 생각하면 잘했다 싶습니다. 이제 와서 무슨 할말이 있겠어요. 서로 쭈그렁이가 된 모습만 확인할 뻔했지 뭡니까. 평생 작가로 교수로 안존하게 사셨다더니 지혜롭구나 싶었어요. 온전한 추억으로만 남게 해 준 작가에게 도리어 고마웠지요.

 만나리라 생각했던 작가를 못 만난 아쉬움이었을까요. 아니면 팔십까지 산 것도 한순간이고 덧없는 게 인생이다 싶어 그랬을까요. 오빠를 따라 경성으로 갔더라면 어땠을까, 혼인이 쉽지는 않았겠지만 경성도 좋았겠다 싶어요. 고국 왕래도 쉬웠을 테고, 지금쯤은 서울에서 한유한 노년을 보내고 있지 않을까…. 이렇게 철없는 나를 타박할 남편도 가고, 아이들도 옆에 없어 한없이 상상 속을 헤

맨답니다.

    종일 책을 쉬엄쉬엄 읽었습니다. 「인연」은 서너 번 읽었는데 아무리 꼼꼼히 완색해도 아리송한 부분이 있네요. 나는 작가를 만난 일이 여덟 살 때 한 번뿐인데, 세 번이나 만났다니 어찌된 일일까요. 이제는 모든 일이 가물가물해서일까요. 아니면 작가의 상상이었을까요. 궁금한 이야기는 이제 가까운 날 가게 될 하늘나라에서나 풀어야겠지요. 허나 세상 떠나는 날까지는 『피천득 수필집』을 가까이에 두렵니다.

(2022)

* 『정오의 사이렌이 울릴 때』(문학과지성사) 이승우 외 5명

랜선 애인

 바다와 하늘의 경계가 모호하다. 회색 구름 사이로 살굿빛 노을이 얼비친다. 남자는 두툼한 스웨터와 헐렁한 바지를 입고 바닷가 바위 끝에 서 있다. 남자는 내 기분에 따라 세상 끝에 서 있는 듯 쓸쓸해 보이기도, 같이 노을 구경하자고 손 내밀 듯 다정스럽기도 하다. 살짝 손대면 그대로 바다로 빠질 듯 힘없어 보이는 날도, 된바람에도 꼼짝하지 않을 듯 강해 보이는 날도 있다.
 남자의 사진이 여기저기 떠돈다. 그만큼 인기가 많다는 뜻이다. 나도 사진이 싫지는 않지만 느끼하다느니 섹시하다느니 격 없이 말하는 이들을 보면 불쾌하다. 사람마다 취향이 다르니 어쩌겠는가. 하지만 내게는 언제나 품격 넘치는 그대다.
 말 나온 김에 남자 자랑 좀 해야겠다. 처음에는 그의 목소리에 끌렸다. 목소리가 촉촉하다. 모든 시름 다 녹이고, 어디라도 같이

가자면 따라나서고 싶어지는 목소리다. 나이 들수록 외모보다 목소리 좋은 남자가 좋다. 눈은 갈수록 침침해지고 귀는 아직 밝은 탓일까. 얼굴은 갸름하고 눈썹은 새까맣다. 두 볼은 밤볼 지고, 입은 단정하다. 풍성한 머리는 반백이다. 옷태는 또 어떤가. 무심한 듯 걸친 콤비, 남방셔츠, 편한 바지, 목에 둘둘 만 목도리, 옷거리가 좋아서 무얼 입어도 어울린다. 프랑스 유학시절에는 굽슬굽슬 긴 머리칼에 구레나룻을 길렀다. 외모와 뛰어난 불어 실력 탓에 현지인으로 오해도 많이 받았단다. 그는 예나 지금이나 머리 색깔만 다를 뿐 얼굴은 세월이 멈춘 듯 똑같다.

  그는 못하는 게 뭘까 싶게 팔방미인이다. 피아노도 수준급이고 클래식 음악 소재로 수필집도 냈다. 서른 즈음 텔레비전 드라마에 출연도 했다. 딱 한 번이었는데 눈에 띄어 화장품 모델로 발탁되었다. 이어 의류 모델로도 활동했다. 연예인이 될 뻔했는데 길이 아니다 싶었는지 강단지게 멈추고 방송국 PD로 근무했다. 음반 제작 일을 할 때 샹송 한 곡을 불렀는데 그 곡이 드라마 배경음악으로 나왔다. 그 뒤 노래 잘하고 발음 좋은 샹송 가수로 알려지기도 했다.

  이미 거니챘겠지만 이 남자, 내 랜선 애인이다. 사귄 지 오 년째고 세 살 어리다. 요즘 연하가 대세니까 걸맞은 나이다. 랜선 애인은 직접 만날 수 없다는 게 흠이긴 하다. 허나 마음만 먹으면 하루 두 시간씩 같이할 수 있다. "오늘 하루도 수고 많으셨습니다." 그이가 날마다 진행하는 라디오 프로그램 오프닝 멘트다. 들뜨지 않고 차분하게, 어눌하다 싶은데 마음속으로 쏘옥 들어오는 목소리다. 힘든 날도 내게 건네는 듯한 이 말만 들으면 위로가 된다. 주말에는 텔레비전에서도 볼 수 있다. 영화음악을 들려주는 프로다. 그이가 조곤조곤 짚어주는 대로 따라가다 보면 보았던 영화도 다시 보고 싶어진다. 랜선 애인이 아니었다면 열모로 생각해도 언감생심 쳐다보지 못 할 남자다.

  남편에게는 비밀이다. 예전 실수 때문이다. 그때나 지금이나 눈이 높아 플라이 낚시를 멋지게 하는 영화 속 남자를 좋아했다. 부엌 냉장고 문에 실물 크기 브로마이드를 붙여놓고 오며가며 눈맞춤을 했다. 남편과는 비교 불가능 상대니까 생각 없이 구구절절 좋아한다고 말했는데 어느 날 냉장고 문이 깨끗해졌다. 철없던 시절이었다. 시기, 질투 이런 단어들은 부부간에 사라진 지 오래지만 언제든지 살아날 수 있는 감정이다. 오랜만에 다시 생긴 애인이니 고이고이 지키고 싶어 지금은 남편에게 함구하고 신중한 편이다.

  남편은 그이 방송이 끝나갈 때쯤 퇴근한다. 그이가 들려주는 세상의 모든 음악에 빠져 있다 현실로 돌아오는 시간이다. 데이트하다 들킨 듯 움찔할 때도 있다. 남편은 아는지 모르는지 내게 허락도 없이 바로 라디오를 끄고 리모컨으로 야구 채널을 맞춘다. 그러면 애인과 인사도 못하고 속절없이 헤어질 수밖에.

가끔씩 방송 웹에 접속한다. 그이를 만나러 날마다 출첵하는 사람이 전국에, 아니 세계 곳곳에 있다. 한번 알고 나면 좋아하지 않고는 못 배길 남자이긴 하다. 랜선 애인의 장점은 같이 좋아해도 경쟁하는 사이가 아니라는 거다. 허나 나도 가만히 있을 수만은 없어 게시판 채팅에 참여한다. 그이가 가끔씩 내 이름을 부르고 올린 글을 읽어주기라도 하면 그야말로 심쿵이다.

음악, 영화평론가인 전기현 님. 어여쁘고 어여쁜 내 랜선 애인이다. 언젠가는 그이가 진행하는 음악회에 가서 실물 영접을 하리라. 그때 선물은 무엇으로 할까 행복한 상상을 한다. 그이가 직접 피아노 연주까지 하는 날이라면 더욱 좋으리. 한 가지 바라는 게 있다면 엄지머리총각이라는 그이에게 현실 애인이 생겼으면 좋겠다. 그녀가 나일 리는 없겠지만···.

(2020)

동네 카페

 창밖 테이블에 두 남자가 앉아 있다. 남자들은 줄담배를 피우면서 발을 계속 덜덜 떤다. 손에 담배가 붙어 있을 때는 발을 멈추다가 담배가 떨어지면 바로 발이 움직인다. 빠른 발놀림이다. 바닥에는 꽁초가 너저분하다.
 내가 사는 주상복합아파트 일층에 있는 카페다. 카페 앞에는 테이블 세 개가 놓여 있다. 비도 햇빛도 들지 않아 흡연 장소로 맞춤이다. 카페 손님뿐 아니라 지하에 있는 피트니스센터 회원, 상가 손님 중 애연가는 다 모인다. 나는 집에서 커피 냄새가 나면 기분이 좋다가도 담배 연기도 이렇게 들어오겠구나 싶으면 숨이 막힌다.
 카페는 나이 지긋한 여자와 아들뻘 되는 남자가 사장이다. 모자지간 같은데 여 사장 손님이 반나마 된다. 여 사장은 지인이 오면 같이 앉아서 이야기도 하고 서비스로 빵도 준다. 예전 다방 분위기다. 그녀는 발이 넓은지 개업 축하 화분이 카페 밖까지 넘쳐났다. 개업하기 전부터 '빵 굽고 커피 볶는 집'이라고 대대적으로 광고를 했지만 사실 빵은 직접 굽지 않고 다른 곳에서 가져온다. 오지랖 넓게 힘든 시기에 시작한다고 걱정했는데 흡연 카페로 소문이 났는지 손님이 많다. 바로 앞이 경찰서인데 직원 할인도 해준다. 어느 날 가까운 식당에서 밥을 먹다 여 사장을 만났는데 내 밥값까지 계산하고 나갔다.

날마다 더위가 계속되었다. 하루하루 더위를 버텨내고 있었다. 확확 달아오르는 열기 때문이었을까. 창문을 열면 커피 냄새보다 담배 냄새가 심하게 올라왔다. 사장이 밥까지 사줬는데 내가 이래도 되나 싶었지만 시 홈페이지에 흡연구역 단속 청원 글을 올렸다. 한참 뒤 보건소에서 단속할 거라는 연락이 왔다. 그런 얼마 뒤, 횡단보도에서 5m까지만 단속 구간으로 되어 있어서 어떻게 할 수 없다는 답이 왔다. 서울 어디에서는 흡연부스를 만들고 그곳 외에는 금연구역으로 정해 단속을 한다는데 부러울 따름이었다.

더위가 수그러들자 동네 산책을 나섰다. 화단가에 버티고 있는 태풍에도 끄떡없을 만큼 커다란 '빵 굽고 커피 볶는' 입간판이 거슬렸다. 빵 굽지도 않으면서 무슨 빵을 굽는다고. 흡연은 말릴 수 없지만 '빵' 뒤에다가 '안' 이라고 써 넣는 일은 할 수 있지 않을까. 하지만 실행에 옮기지는 못하고 날마다 붉은색 매직펜으로 '안'자를 쓰는 소심한 복수만 상상한다.

 청원 글 올린 게 양심에 걸려 발길을 끊었다가 오랜만에 카페에 갔다. 여 사장 얼굴이 몰라보게 달라졌다. 아들하고 비슷한 연배로 보였다. 너무 빤히 쳐다보았나. 강남에 가서 이마거상을 하고 왔단다. 마취하고 두세 시간 자고 나니까 되더라고 쉽게 말했다. 순간 어느 병원이냐고 물어볼 뻔했다. 몰라볼 정도로 젊어진 여 사장은 얼마 지나 보이지 않았다. 북적이던 손님들도 따라갔는지 오지 않고 카페가 썰렁해졌다. 직원에게 물어보았더니 남자 사장에게 넘기고 그만두었단다. 아들이라 생각했는데 동업자였다.

 카페가 변하기 시작했다. 레옹, 십계, 로마의 휴일 등 옛날 영화 팸플릿으로 벽에 도배를 했다. 해바라기 조화도 곳곳에 꽂혔다. 테이블마다 "네이버 인증샷 남기면 음료 드립니다"라는 스티커도 붙었다. 월드컵 때는 다 같이 경기를 보자는 취지인지 대형 스크린이 한쪽에 걸렸다. 입구에는 원두판매, 조조할인, 야간영업연장 등의 철제 배너가 세워졌다. 갈수록 정체불명 카페가 되어갔다.

 어느 날, 카페 주변에 현수막이 나붙었다. "금연구역 흡연 시 벌금 10만 원." 하나도 아니고 세 개나 걸렸다. 보도블록과 카페 앞 테이블에는 "흡연시 과태료 5만 원"이란 스티커도 덕지덕지 붙었다. 그동안 나말고도 청원한 사람이 더 있었던 걸까. 속이 시원해야 하는데 약간 씁쓸한 건 왜일까. 현수막도 잠시, 여전히 흡연자들은 다시 모여들었다.

  창밖 남자들이 일어선다. 남자들은 떠나기 아쉬운지 다리를 떨다 다시 담배를 입에 문다. 태권도학원 차가 서자 도복 입은 아이 둘이 내린다. 아이를 기다리고 있던 아이 엄마가 남자들을 힐끗거린다. 두 남자는 카페 앞에 세워져 있던 차를 타고 떠난다. 남자들이 떠난 자리에 애견 유모차를 밀고 온 젊은 여자가 와서 앉는다. 이 카페는 얼마 전부터 애견 동반 가능 카페까지 되었다.

(2023)

삼호 무화과

그는 S대 농대를 졸업하고 고향으로 내려왔다. 그의 고향 영암군 삼호면은 천둥지기와 건답이 대부분이었다. 그는 나주 배나 대구 사과처럼 영암을 대표할 만한 작목이 없을까 고민했다. 지중해성 과일인 무화과가 삼면이 바다인 삼호의 해양성기후와 맞을 거라 생각하고 무화과나무를 심었다. 1971년이었다.

일제강점기 때 일본인들은 목포 갓바위 근처 과수원에서 비파, 포도, 무화과 등을 재배했다. 거기서 퍼졌는지 주변 주택에는 정원수로 무화과나무가 한두 그루씩 있었다. 그는 갓바위 과수원에서 무화과 묘목을 사 와 꺾꽂이를 했다. 다행히 가지만 꺾어 꽂으면 금방 뿌리가 나왔다. 밭 이천 평에 시범적으로 심었다. 일본 무화과 재배 책자를 구해 우리말 교본도 만들었다. 묘목을 조합원들에게 나눠 주고 책을 보면서 교육도 시켰다. 조합원들은 평생 보리농사만 짓던 땅에 정원수나 다름없는 나무를 심으려 하지 않았다. 하지만 그는 무화과가 앞으로 큰 소득을 안겨 줄 거라 굳게 믿고 조합원들을 설득했다. 그를 믿는 사람들이 늘어나면서 6만 평의 무화과 과수원이 일구어졌다.

나무를 심은 지 3년, 어른 주먹만 한 꽃무화과 하나가 농익었다. 잎이 나오기 전에 열린 것이었다. 그걸 아내와 나누어 먹었다. 그가 심고 처음이자 마지막으로 먹은 열매였다. 며칠 후 그는 교통사고로 세상을 떠났다. 그의 나이 32세, 첫 수확을 앞두고 있던 한여름이었다. 모두가 망연자실했다. 그의 아내 곁에는 어머니와 어린 자식, 무화과나무만 남았다. 농촌계몽운동을 꿈꾸면서 결혼반지 대신 삽과 호미를 주고받고 결혼한 지 6년만이었다.

그의 아내는 남편이 정성을 쏟던 무화과 농사에 매달렸다. 무화과는 늦여름부터 찬바람머리까지 나왔다. 새벽마다 무화과를 따서 리어카에 싣고 선착장으로 가서 배를 타고 목포로 나가 시장에다 팔았다. 날씨가 좋은 날은 한 관에 500원, 흐린 날은 300원, 비 오는 날은 물러져서 팔지 못한 무화과가 고랑에 쌓였다.

무화과 농사는 다른 과수농사보다 수월했다. 한번 심어 놓으면 스스로 열매 맺고 익어주었다. 농약도 가지치기도 필요 없었다. 봄에 거름하고 여름에 풀만 베어주면 되었다. 동동팔월만 지나면 모갯돈이 생겼다. 다른 밭농사보다 대여섯 배 많은 소득이었다. 그걸 보고 갈수록 재배농가가 늘어났다.

무화과가 맛있다는 입소문도 퍼졌다. 목포까지 내다 팔지 않아도 될 정도로 아침마다 목포에서 '다라이 아줌마'들이 와서 줄을 섰다. 아줌마들은 다라이에 이고 간 무화과를 선창가나 역 주변에서 팔았다. 처음에는 속 알갱이가 이상하다고 먹지 않던 사람들도 무화과 철을 기다렸다. 농협 직원들 발품으로 광주까지 진출했다. 직원들이 직접 트럭을 몰고 경매시장으로 갔다. 광주에서도 삼호 무화과라고 하면 금방 동났다.

그녀는 무화과를 더 널리 알리고 싶었다. 알리려면 성분부터 알아야 할 것 같았다. 당시만 해도 무화과는 남쪽 사람들만 아는 과일이었고 과수로 등록도 안 된 상태였다. 그녀 마음을 아는 이가 대학에 연줄을 놓아주었다. 라면상자에 무화과를 가득 담아 서울 유명대학 식품영양학과 교수님을 찾아갔다. 교수님은 그녀가 보물처럼 안고 간 상자를 열어보지도 않고 바닥에 두고 가라 했다. 이제나저제나 결과를 기다렸지만 함흥차사였다.

처음 무화과나무를 심은 뒤 세월이 많이 흘렀다. 이제는 그녀가 그렇게 알고 싶어 하던 무화과 성분 분석도 넘친다. 새 품종도 나오고, 재배기술도 새로워졌다. 삼호 농협에서는 무화과 가공 공장을 지어 잼, 양갱, 즙 등을 판매한다. 2015년에는 영암군이 무화과 산업특구로 지정되었다. 지난해에는 해방 이후 '전남 농업을 빛낸 사람들'에 영암 무화과의 신화를 일군 주인공으로 그녀의 남편 박부길 씨가 선정되었다. 지금 전국 무화과 생산량의 60%가 영암에서 나온다. 오래전 한 사람이 심은 나무가 지역 경제를 바꾸어 놓았다. 무화과의 꽃말처럼 풍요한 결실을 맺은 것이다.

평생 무화과와 함께한 그녀는 내 사촌언니다. 올해 팔순인 언니는 요즘 도서관에서 책 빌려보는 재미에 흠뻑 빠졌다. 도서관까지 운동 삼아 걷기도 하지만 농협 앞을 지나가려고 일부러 걸을 때도 있다. 거기에 조합원들이 세운 남편의 추모비가 있기 때문이다. 비에 새겨진 남편의 글을 독백으로 삼킨다.

"어느 산 비탈길에서/ 무거운 지게 짐에 눌려 쓰러진다 해도/ 이 길이 조국과 농민과 영광에의 길이기에/ 나는 이 길을 택하노라."

(2018)

층견 노이즈

아랫집에는 포메라니안 개 두 마리가 있다. 화려한 원피스를 즐겨 입는 포메 엄마는 나와 나이가 비슷한데 영화 〈101마리 달마시안〉에 나오는 크루엘라를 닮았다. 크루엘라는 마주쳐도 모른 척 찬 바람이 돈다. 새치름하기는 포메도 마찬가지다. 크루엘라가 멋쟁이니 당연히 포메 의상도 튄다. 크루엘라와 깔 맞춤한 옷을 입고 산책하는 포메를 가끔씩 본다.

나는 아침잠이 많다. 잠이 부족하면 종일 비몽사몽이어서 가족들이 출근한 뒤에 두벌잠을 잔다. 언제부턴가 내 달달한 시간 속으로 개 짖는 소리가 파고들었다. 하루 이틀도 아니고 정말 심하다. 다른 집은 사람이 없는 걸까. 이 정도 소음은 괜찮다 생각하나. **잠들자 신나는 잠, 이불을 턱까지 차올리면서 잠에 빠져보려 하지만 신경만 곤두선다.**

소소리바람이 부는 날 공원에서 포메를 만났다. 크루엘라와 포메는 커플룩처럼 감색 패딩을 입고 있었다. 한 마리뿐이었다. 다른 한 마리의 안위가 궁금했지만 크루엘라와 설면한 사이여서 참았다. 반려견 출입금지 현수막 아래 견주들이 모여 있었다. 조금 떨어진 운동기구에 무심한 척 앉았다. 몇 살이냐, 옷이 예쁘다, 간식은 어디서 사느냐 따위 이야기가 들렸다. 옛날 놀이터에서 애 엄마들이 나누던 대화와 똑같아 웃펐다. 크루엘라는 날마다 한 마리씩 교대로 산책을 시키니까 만 보 걷기가 자연스럽게 된단다. **날 꺼내 줘 제발 왈왈. 여긴 너무도 답답한 곳 왈왈. 내 곁에 있어줘 왈왈.** 포메 한 마리는 주인님의 만 보 걷기에 일조하느라 아침마다 집에서 울부짖는다.

나도 12년 동안 개와 살았다. 개에 대해서 문외한이 아니라는 말이다. 개는 살다 보면 주인을 닮아간다. 우리 개는 별로 짖어 본 적이 없다. 성격도 온순하고 혼자서도 잘 놀았다. 누구를 만나든 꼬리를 흔들고 반겼다. 남들은 멍청해서 주인인지 남인지 분간 못한다고 했지만 설마 그랬을라고.

얼마 전 포메 때문에 크게 놀란 적이 있다. 엘리베이터를 기다리는데 문이 열리는 순간 포메가 이를 드러내면서 컹 짖었다. 나는 **마주보던 그대로 뒷걸음치면서 무릎이 확 꺾였다.** 크루엘라는 미안한 기색도 없이 포메만 그러안고 지나쳐 갔다. 혼자 집에서 울고 있는 포메가 측은하다가도 그때 생각만 하면 괘씸하다. 주인을 닮았는지 포메는 앙칼지게, 목이 갈라지게 계속해서 짖어댄다. 내 꿀 같은 시간을 방해하는 저놈을 그냥…. 내가 어쩌다 이 지경에 이런 몹쓸 생각까지 하는지.

커튼 사이로 스며드는 따사로운 봄기운에 내 마음이 순해졌나. 심술이 또 터지면 무너지겠지만 한 지붕 아래 살고 있는데 따뜻한 이웃이 되어 보자. 혹시 크루엘라는 포메가 저렇게 우는 걸 모르는 게 아닐까. 그래 나는 글쓰는 사람이 아닌가. 품위 있게 글로 층견層犬 소음을 알려주자. 이불을 걷어내고 노트북을 켰다. 크루엘라 님께, 아니지. 포메 어머니께, 504호 님께. 쓰고 지우고, 다시 쓰고. 복잡한 내 마음 알릴 길이 없어, 내 표현력이 좀 부족한지 아무 말도 떠오르지 않는다. 여전히 포메는 지칠 줄 모르고 짖는다. 노트북을 덮고 그룹사운드「잔나비」노래를 반복재생하고 다시 이불 속으로 들어가 잠을 청한다. 보드라운 목소리 사이로 포메 소리가 아렴풋이 들린다.

비디오폰에 낯익은 남자가 보인다. 누구더라 생각하면서 현관문을 살짝 열었다.

"우리 애가 많이 울어서 죄송합니다. 이거라도 받아주세요."

"혹시 최정훈 씨? 맞지요? 어머머, 웬일이세요. 지금 이 앨범 듣고 있는데. 개 짖어도 괜찮아요. 이웃인데요 뭐."

　세상에 잔나비 최정훈을 만나다니. 당신은 도대체가 누구시길래. 그대의 눈빛은 날 얼어붙게 해. 잔나비 CD「전설」을 두 손으로 받들어 모시는데 핸드폰이 울린다. 자랑할 타이밍에 때맞춰 걸려오는 전화가 반갑다. 한데 손안에 있어야 할 앨범도 최정훈도 없다. **몹쓸 꿈의 파편**. 노래 듣다 겉잠이 들었나. 한낱 봄꿈이었다니.

　며칠 뒤 엘리베이터에 벽보가 붙었다. "밤 12시에 계속 쿵쿵거리는 소리가 들린다. 방송을 하는지 음악을 듣는지 날마다 계속된다. 층간 소음으로 불미스러운 일이 많이 일어나는데 서로 조심하자." 깔끔한 손 글씨였다. 나는 제목만 썼다 지웠다 했는데 이 사람은 고친 곳도 없이 일필휘지로 잘 썼다. 관리실 직인에 게시 기간까지 적혀 있었다. 함부로 떼지 말라는 경고까지 야무졌다. 나는 아래 여백에 "아침에 개 짖는 소리도 심해요."라고 소심하게 써넣었다. 기다렸다는 듯 "개 소리 시시때때로 들려요, 삶의 질 좀 높입시다, 내 집에서 조용히 쉬고 싶어요."라는 댓글이 달렸다.

　벽보 효과인가. 시나브로 포메가 조용해졌다. 다시 꿀잠에 빠지는 아침이 이어지고 아랫집으로 향했던 미움도 사라졌다. **뭘 하든 뜨뜻미지근한 나의 지금**인데 큰일을 해낸 듯 뿌듯했다. 크루엘라와 포메가 산책을 못해서 건강이 나빠지면 어쩌나. 별스러운 걱정까지

했다. 그때는 몰랐다. 얼마 못 가 **멍청한 장난처럼, 짓궂은 농담처럼 포메가 다시 울부짖을 줄은.** (2022)

* 이 글은 서이제 소설 「벽과 선을 넘는 플로우」를 패러디한 것임.
* 본문 고딕체는 그룹사운드 잔나비의 노래 가사에서 따옴.

집콕 덕분에

코로나19로 모든 게 멈춰 섰다. 넘어진 김에 쉬어 가자고 12권이나 되는 『열국지列國志』 완독에 들어갔다. 숲속작은도서관에서 책을 빌려 5권까지 읽었는데 도서관이 문을 닫았다. 산수유꽃이 필 무렵이었다.

주말 오후 산책하는 길이었다. 박스와 폐지 더미 옆에 책이 무더기로 쌓여 있었다. 쪼그려 앉아 책을 고르기 시작했다. 지나가던 아주머니가 책을 보더니 달려들었다. 느긋하게 뒤적이다가 경쟁자가 생기니 급해졌다. 아주머니는 외국소설을 고르고 나는 시집과 한국소설을 챙겼다. 박스에 담으니 묵직했다.

옆에 있던 남편은 언제 가버렸는지 보이지 않았다. 한참을 걷다 보니 남편이 저만치 서 있었다. 나는 쌀쌀하던 꽃샘바람도 물러간 듯 훈훈했는데 남편은 못마땅한 빛이 얼굴에 가득했다. 박스를 버리고 둘이서 책을 나누어 가슴에 안았다. 사람들이 우리를 힐끔거렸다. 남편에게 "다 자기만 쳐다보네." 했더니 "누가 봐도 내가 책 읽게 생겼잖아." 하는 게 아닌가. 기가 막혔지만 책을 무사히 집까지 모셔야 하니 입을 다물 수밖에.

전리품을 거실에 줄느런히 늘어놓았다. 마종기·함민복·김명인·남진우·황지우·최하림. 옆에 시인이 있으니 횡재한 듯 뿌듯했다. 함정임·공지영·박민규·공선옥·조경란·김애란. 소설가도 함께하니 이 아니 즐거우랴. 봄날 이웃에게 받은 뜻밖의 선물 같았다. 시집 읽는 날들, 소설 읽는 밤들이 지나갔다. 책 속에 빠져 있다 현실로 돌아오면 암담했다. 코호트 격리, 기저 질환, 진단 키트, 드라이브 스루. 코로나가 아니었으면 평생 모르고 살았을 단어들이 뉴스에 넘쳐났다. 공원에는 매화에 이어 영춘화, 벚꽃, 목련이 만개했다.

집에 있는 시간이 많아진 남편과 함께 서점에 갔다. 여기저기 둘러보던 남편이 『퇴근길 인문학 수업』을 계산대 앞에 내려놓았다. 책을 돌같이 보는 남편인지라 천지개벽할 일이었다. 책 가격이 비싸 다음에 도서관에서 빌려보라고 말하려다 스스로 읽겠다고 고른 책인데 싶어 그냥 조용히 계산했다. 이 책이 시리즈로 3권까지 있으니 읽어보고 재미있으면 더 사라고 말 선심까지 썼다. 회사에서 읽는다고 가져간 책을 남편은 읽었을까.

'저녁이 있는 삶'을 슬로건으로 내건 정치가가 있었다. 그때는 요원해 보이더니 요즘 코로나 덕분에 저녁이 풍성해졌다. 봄을 건넌 공원은 이제 초여름, 작약이 흐벅지게 피었다. 때죽나무도 조롱조롱 하얀 꽃을 매달았다. 공원 옆에서 30년을 살았는데 꽃을 이렇게 많이 보기는 처음이다. 예전에도 꽃들은 피고지고 했을 텐데. 공원에 단풍이 들 때쯤이면 집콕과 마스크에서 벗어날 수 있을까.

 도서관에서 문자가 왔다. 도서관이 문을 열고 책 대출이 된다는 알림이다. 다시 『열국지』를 빌리러 가야겠다.

(2020)

누가 봐도 부천 사위

 자네는 매번 다 쓴 다음에야 겨우, 정말이지 겨우, 제목을 정하곤 한다지. 하지만 나는 이 글을 쓰려고 할 때부터 이미 제목을 생각하고 있었다네. 자네가 '누가 봐도 연애소설'로 주요 일간지까지 접수한 뒤로 '누가 봐도 부천 사위'로 낙찰을 봤네.

 자네라는 호칭이 불편한가. 소설가로 한창 이름을 날리고 있는데 장모가 문우라는 이유로 내 사위라도 되는 것처럼 편히 부르고 있네. 그래도 할 수 없네. 자네는 부천에 살고 있는 모든 이들의 사위라 해도 과언이 아니니. 그건 자네가 그리 만든 것이네. 자네 글에 부천이 좀 많이 나와야지. 춘의동, 중동, 심곡동. 연애할 때부터 부천을 드나들었다니 익숙할 만도 하지. 부천 시민 입장에서 고맙기도 하고 명예시민증이라도 주고 싶네그려.

 첫 소설집 『최순덕 성령충만기』(이때부터 이미 자네는 제목에 사람 이름을 넣었군.)가 생각나네. 기발한 상상력에 소설을 이렇게 써도 되는구나 싶었지. 성경처럼 쓴 표제작은 내용을 떠나 실험성에 무릎을 쳤다네. 앞으로 좋아할 것 같은 예감이 단박에 들었지. 이 년만에 『갈팡질팡하다가 내 이럴 줄 알았지』라는 두 번째 책이 나왔네. 남의 묘비명을 슬쩍한 제목부터 알아봤네만 엽기 발랄한 이야기들은 여전했지. 무룡태, 지질컹이들을 주인공으로 내세워 웃게 만들다가 갑자기 웃음 뚝, 코끝 찡으로 만들어버렸지. 작가의 말에 "이제 곧 인류평화를 위해 장가를 갑니다."라고 능청스럽게 결혼 발표까지 했더군.

  그즈음 문우 딸 결혼 소식을 들었지. 신랑 이름을 보고 의아했네. 교양 있는 내가 신랑 직업을 물어볼 수도 없고 긴가민가했지. "인류평화를 위해 기꺼이 한 몸 희생해주고, 나를 위해 매일 기도해주는 연인"이 문우 딸이었다니. 딸이 문예창작과를 다닌다니까 엄마를 닮았나 보다 했지 신예 작가와 연애를 하는 줄은 몰랐네. 그때까지도 문우는 신춘문예에 시를 투고할 정도로 열혈 문청이었지. 소설 쓰는 남자, 여덟 살이나 많은 남자와 딸이 결혼한다 해도 환대를 해 준 이유지. 나중에 들었지만 문우의 친정아버지가 둘이 천생연분이니 잘살 거라고 했다더군. 그 말씀대로 지금도 자네 부부는 눈맞춤하면서 달달한 대화를 나누면서 산다지.

  벌써 등단 20년인데 자네는 지금까지 내 기대를 저버리지 않았네. 계속해서 소설이면 소설, 콩트면 콩트, 쓰는 대로 날개를 달고 날더군. 광주에 있는 대학으로 내려갈 때는 다작多作을 하리라 마음먹었는데 다산多産만 해서 세 아이의 아빠가 되었다고. 문우는 딸이 아이들 치다꺼리하느라 고생한다면서도 사위 말만 나오면 환한 표정으로 "우리 기호, 우리 기호" 한다네. 그럴 때면 이번 생에 사위를 볼 수 없는 나는 한없이 부러울 수밖에. 신문에 자네 기사가 나오면 내 사위라도 되는 양 득달같이 문우에게 알려 준다네. 문우는 사위한테 들어서 이미 알고 있다고 대수롭지 않게 응대한다네. 가족과 독자 차이를 확연하게 느끼게 해주는 순간이지.

자네는 책 나온다는 말은 해도 장모 이야기 썼다고는 안하는가 봐. 가족소설에 특히 많이 나오는데, 그중 미역국 이야기가 압권이지. 장모가 요리는 젬병이라고 전국적으로 소문을 냈다 하니 모르고 있던데. 그래도 된장찌개는 잘 끓인다고 하면서 안사돈이 요리를 잘해서 사위 입맛 맞추기가 힘들대. 나보고 아들 입맛 높여 놓으면 안 된다고 충고까지 아끼지 않더군. 장모가 살림 솜씨 없는 것은 꽃집 하느라 시간이 없어서 그런 거라고 감싸는 것을 보며 됨됨이까지 짐작할 수 있었네.

작년 이맘때쯤이었나. 자네가 ○○문학상을 받았지. 시상식 날 장모에게 밥 사드리고 싶은 분들 모시라고 했다지. 나는 자칭 자네 팬이니 당연히 갈 수밖에. 장모가 꽃다발을 들고 왔더군. 꽃꽂이 사

범답게 꽃시장에서 바로 만들었다는데도 돋보였지. 나는 자네와 멋들어진 꽃다발을 받쳐 들고 사진을 찍었네. 자네 아내가 옆에 있는데 둘이 찍고 싶다고 했지. "작가 생활하면서 부패하지 않게 만들어준 사람, 저를 늘 선善의 상상력 안에 머물게 해준 사람."이라고 수상소감 중 치켜세운 아내를 밀쳐내고 말일세. 당황하는 자네 아내에게는 독자라고 당당하게 말했네. 작가에게는 독자가 왕 아닌가. 아내는 얼굴도 예쁘고 자태도 곱더군. 딸 시집 잘 갔다 하면 우리 기호가 장가 잘 온 거라고 우기는 문우 말도 그날 인정해 버렸다네. 예약해 놓은 식당으로 갔지. 자네는 서울 한복판에서 문학회 정예 부대가 헤맬까 봐 친절하게 식당까지 안내해 주었네. 밥 먹기 전, 이런 자리가 자주 생기기를 손 모아 진심으로 기도했네.

  내 고향 가는 길에 자네 집필실 근방을 지날 때가 있네. 허름한 아파트가 보이면 저기 어디쯤에서 자네가 한국문학 발전을 위해 분투 노력하고 있을 것 같아 반갑다네. 자네는 아이들과 마음먹고 여행 한번 못했다고 하더군. 놀이동산에서 찍은 가족사진 한 장 없다고. 그렇게 열심히 쓰고 또 썼으니까 오늘의 자네가 있긴 하네만, 자식들은 금방 커버리더군. '세 살 버릇 여름까지 간다.'고 했던 아이가 벌써 중학생이 된다지. 이제는 아이들과 추억도 많이 만들고 건강도 생각하면서 쓰면 좋겠다고 주제 넘게 장모 같은 생각을 한다니까. 참견에 주책, 그만 거두고 한마디만 하고 끝내려네. 인간의 진솔한 삶을 능청스레 파헤치는 독보적 소설가 이기호, 부천 사위 이기호, 앞날에 무궁한 영광 있으라.

(2020)

방생매와 두 얼굴

 여행을 가기로 했는데 한 친구가 못 가게 되었다. 짝이 맞지 않아 망설였지만 그냥 가자 했다. 떠나기 전날 가이드에게 전화가 왔다. 혼자 가는 사람이 있는데 방을 같이 쓰겠냐고 물어 그러마고 했다. 혼자 떠나는 여인이라니, 나는 꿈만 꾸고 해보지 못한 일인데 홀로 여행의 고수가 아닐까. 이번 기회에 한 수 배우자 마음먹으니 마음이 편했다.

 첫날 숙소에 도착해 그녀가 가방 정리를 하는 동안 내가 먼저 씻고 나왔다. 그녀는 침대 아래 가방을 펼쳐놓았는데 옷과 화장품, 먹거리들이 바닥에까지 널브러져 어수선했다. 거기다 거의 벌거벗은 채로 앉아있었다. 그런데 그녀의 등에 빨간 꽃이 만발해 있는 게 아닌가. 그녀가 움직일 때마다 가지 사이사이 꽃송이들이 따라 움직였다. 못 본 척 고개를 돌려야 하는데 눈을 뗄 수가 없었다.

그녀가 욕실로 들어갔다. 충격으로 온몸에 힘이 빠졌다. 쓰러지듯 침대에 누웠다. 그녀는 등에 핀 꽃가지에 방울방울 물을 매달고 욕실에서 나왔다. 내 눈을 의식했는지 보고 싶으면 보라고 갑자기 누워있는 내 얼굴 앞에 엉덩이를 들이밀었다. 아니라고 손사래를 치면서 엉겁결에 벌떡 일어났다. 아니라니, 보고 싶지 않다는 것인지 다 봤다는 것인지 내가 생각해도 헷갈렸다.

　문신이다. 넓은 가지에 매화가 다문다문 피었다. 어깻죽지 옆에 글자가 적혀있는데 뭉개져서 잘 보이지 않는다. 무슨 글자냐고 물으니 뭘 썼는지 모른다고 시원하게 대답한다. 목욕탕에서 문신한 여자들을 보기는 했지만 이렇게 크고 화려하게 꽃을 피운 여자는 처음이다. 나는 고작 눈썹 선 그리면서 눈물 콧물 쏟았는데 그녀는 등판에 문인화 한 폭을 새기다니. 많이 아팠겠다고 하니까 다섯 시간 동안 죽을 둥 살 둥 매달려 만든 작품이란다.

　몸피가 내 반밖에 안 되는 그녀가 갑자기 깍짓동만 하게 느껴졌다. 조폭보다 더 무서운 조폭 마누라를 만난 듯 기가 팍 죽었다. 비행기에서 났던 멀미가 도지는지 속이 울렁거렸다. 조신하게 잠자리에 드는 일이 내 할 일인 양 뻣뻣한 침대커버 속으로 몸을 숨겼다. 그녀도 나를 따라 바닥에 펼쳐놓은 물건들을 그대로 둔 채 침대에 누웠다. 날마다 숙소가 바뀌는 일정이어서 내일 아침 가방 챙기려면 힘들 텐데 싶으면서도 한마디도 못했다.

자는 줄 알았던 그녀가 잠이 오지 않는다고 말을 걸어왔다. 나도 뒤척이던 중이었다. 자기는 서울 C동에서 술집을 한다고 직격탄을 날렸다. 나는 음주가무에는 약하지만 말 들어주고 중간중간 추임새 넣는 재주는 있다. 거기에 힘입어 그녀가 이야기를 술술 풀었다. 그녀는 내가 문문해 보였는지 어느새 말을 놓았다.

가게 터가 세서 개업한 사람마다 망해 나갔대. 그런데 내가 18년째 거기서 이겨먹고 있잖아. 내가 더 쎈 거지. 결혼하고 10년 넘게 집에서 살림만 했는데 그놈의 IMF에 빈털터리가 된 거야. 가게가 계속 사람들이 바뀌니까 권리금도 없고 월세도 싸서 들어갔지. 치킨 집으로 시작했는데 이리저리 떼고 나니까 남는 게 없대. 조금하다가 치킨 그만두고 술집으로 바꿨지. 그러니까 오만 진상들이 다 나타나대. 맨정신에는 얼굴도 못 드는 놈들이 꼭 취하면 일 저지르잖아. 술병 깨서 휘두르고. 처음에는 벌벌 떨면서 '살려만 줍쑈.' 했어. 제발 술값 안 받을 테니 조용히 나가달라고 빌었지. 그런데 계속 당할 수만은 없더라고. 그렇게 무르다 소문나면 가게 문 닫겠더라고. 그때는 빚이 많아서 번 족족 빚 갚는 데 들어갔거든. 거기서 물러나면 안 되겠다 싶대. 하루는 깽판 치는 놈이 있길래 미리 준비해 둔 빈병 네댓 개를 벽에다 눈 딱 감고 던졌지. 경찰이 술 마신 놈 짓이라고 하지 내가 한 짓이라 믿겠어. 그렇게 몇 번하고 나니까 소문이 돌았는지 잠잠해지대. 그래서 문신도 한 거야. 주정하는 남자들 있으면 옷 벗고 슬쩍슬쩍 보여주는 거지. CCTV 없던 시절 이야기이고 지금은 그것 때문에 많이 좋아졌어.

 가게 문 닫고 왔냐고? 알바 언니와 둘이서 하는데 언니한테 맡겨 놓고 왔어. 일본하고 홍콩은 가봤는데 이렇게 멀리는 처음이야. 같이 올 사람이 있어야지. 남편은 일하지 친구들은 장사하지 그래서 에라 혼자 가보자 하고 왔어. 주정꾼들도 수없이 봤는데 누굴 만난들 며칠 밤 같이 못 자겠나 싶대. 이태리 가고 싶었는데 동유럽으로 바뀐 거야. 와 보니까 여기도 좋네. 자기들도 만나고. 자기들은 남편들이 보내 주고 결혼 잘한 거야. 안 보내주는 남자들 많아. 나도 이제는 일 년에 한 번씩이라도 꼭 여행하려고. 그동안 빚도 다 갚고 집도 사고 돈도 많이 벌었어.

 말할 때가 언제였던가 싶게 그녀는 잠이 쉽게 들었다. 하루 세 시간만 잔다는 그녀, 아침까지 일하고 그대로 공항으로 나왔다는 그녀는 코까지 골면서 단잠에 빠졌다. 그녀가 잠들자 나는 잠이 달아나버렸다.

 18년 전이 떠올랐다. 남편이 사업을 시작한 지 일 년 뒤 외환위기가 왔다. 리스로 빌린 장비 값이 서너 배로 뛰었다. 집 대출 받고 형제들 돈 끌어왔지만 원금 갚는 거는 고사하고 이자에 이자만 갈수록 늘어났다. 생전 처음 본 내용증명 독촉장이 열흘이 멀다하고 날아들었다. 형제들까지 우리가 다시 일어설 가망이 없어 보였는지 분양받아 놓은 상가를 가져가겠다고 했다. 마지막 보루처럼 믿고 있던 상가까지 주고 나니 길에 나앉는다는 말이 실감났다. 몸도 마음도 아팠다. 집에 처박혀 그대로 사그라져 버렸으면 싶었다.

작은아들이 유치원 다닐 때였다. 가까운 사립유치원 입학금이 비싸 초등학교 병설유치원을 보냈다. 큰길 건너고 공원 지나 주택가를 걸어가야 했다. 일곱 살 아이가 다니기에는 조금 먼 거리였다. 마침 같이 다닐 친구가 있어 그나마 다행이었다. 이제 아들이 자라서 취업준비생이 되었다. 여행 떠나기 전에 취업이 판가름 날 줄 알았는데 아들은 아직도 면접이 진행 중이다. 남편은 기도하러 다녀야지 놀러 가냐며 쓴소리를 했다. 가는 곳마다 성당이 있다니까 원정 기도하러 간다 생각하라고 눙치고 떠났다.

나도 그녀도 어려운 시절 잘 이겨내고 여기까지 왔다. 그녀를 깨워 자축연이라도 하고 싶은 생각이 들었다.

언제 잠이 들었던 걸까. 그녀 목소리에 잠이 깼다. 보이스톡을 하고 있었다. 일어난 기척을 하자 다짜고짜 전화기를 내 앞으로 들이대더니 자기 남편인데 인사하란다. 손을 휘저으며 못한다고 하자 한마디만 하면 된단다. 이게 무슨 일인가 싶으면서 같이 방 쓰는 사람이라고 인사를 했다. 그녀는 이제 됐다는 듯 전화를 툭 끊었다. 남편이 혹시 남자와 같이 왔나 의심을 해서 확인시켜 주었단다.

갑자기 의심 없이 보내 준 남편이 고맙기도 하고 보고 싶기도 했다. 카톡을 했더니 기다렸다는 듯 먹을 게 없다는 답이 왔다. 집에 쌀과 김장김치가 넘쳐나는데 먹을 게 없다니. 현관만 나가면 슈퍼마켓이고 전화번호만 누르면 배달이 오는데 꼭 이러고 싶을까. 좀 불편하더라도 이왕 왔는데 집 걱정 말고 구경 잘하라고 하면 얼마나 좋을까. 고맙고 보고 싶던 마음이 싹 가셨다.

그녀는 물건들을 뒤죽박죽 가방 속으로 집어넣었다. 당연히 가방이 잠기지 않았다. 옷과 먹거리를 정리해서 가방을 채워주었다. 내친김에 크고 작은 파우치를 보여주면서 이렇게 짐을 싸면 찾기도 쉽고 자리도 조금 차지한다고 알려주었다. 그녀는 신기해하면서도 살림은 젬병이라고 고개를 내둘렀다.

그녀는 돌아다니면서 스스럼없이 내 팔짱을 꼈다. 나도 문신 보고 쫄았던 마음이 하룻밤 자면서 만리성을 쌓았다고 누그러졌다. 그녀는 사진 찍는 걸 좋아해서 계속 사진을 찍어달라고 했다. 나는 사진보다 그냥 보는 걸로 만족하는 편이어서 약간 귀찮았다. 날씨도 춥고 사진 찍으려면 장갑까지 벗어야 해서 그녀를 피해 다녔다. 오후에 미술관에 갔는데 책에서 보던 그림들이 즐비했다. 거기다 사진까지 찍을 수 있었다. 실내니까 그녀가 원하는 대로 사진을 많이 찍어주었다.

숙소에 오자 그녀는 사진부터 보고 싶어 했다. 우리는 오랜 친구처럼 침대에 나란히 누웠다. 그녀가 내 핸드폰 화면에 있는 아들 사진을 보았다. 나이를 말했더니 자기 딸과 동갑이란다. 미국에서 고모와 사는데 십 년 동안 못 만났단다. 자기 이야기를 할 때는 거침없더니 딸 이야기는 아꼈다. 더이상 묻지 않고 얼른 전화번호와 내 이름을 알려주었다. 나는 그녀 이름을 그대로 쓰지 않고 그녀의 성 '방'과 등에 핀 매화를 합쳐 '방생매'라고 입력했다. 이윤기 선생 산문에 매화 분재를 선물 받았는데 가지치기를 해 놓은 나무가 불쌍하여 정원에 심고 방생해 주었다는 뜻으로 '방생매'라고 했다는 이야기가 나온다. 단아한 분재보다 자유자재로 가지가 벋은 방생매가 그녀에게 어울렸다.

그녀는 미술관 사진을 친구에게 보냈다. 노래방하는 친구인데 그림을 좋아한다면서 친구 사진을 보여주었다. 그녀와 비슷한 체구였다. 핸드폰이 오가면서 내 이름이 '두 얼굴'이라고 쓰여 있는 걸 봐버렸다. 분명히 이름을 알려줬는데 '두 얼굴'이라니. 내 표정이 굳어졌는지 나쁜 뜻은 아니니 얼굴 풀란다. 목소리 작은 사람이 무섭지 나처럼 목소리 큰 사람은 안 무섭단다. 사람 많이 겪어봐서 아는데 내가 두 얼굴을 가졌단다. 어찌 그리 보였을까. 사진 안 찍어주고 피해 다녀서? 가방 챙겨주면서 잔소리해서? 속내 숨기면서 '열 얼굴' 정도로 살고 있는데 두 얼굴만 보았다니 그나마 다행인가.

남은 일정은 그녀를 멀리서 바라보기만 해도 되었다. 그녀는 방생매답게 스스로 여러 사람들과 친해졌다.

마지막 날 공항에서 그녀가 초록색 파우치를 샀다. 지퍼를 계속 열면 파우치 모양이 없어지면서 한 줄 끈으로 되었다. 나는 장난삼아 지퍼를 열고 닫으면서 두 얼굴을 가졌으니 날 닮았다고 했다. 그녀는 금방 빨간색을 사오더니 룸메이트 선물이라고 주었다. 우리는 현지인처럼 진한 포옹으로 작별 인사를 하고 비행기에 올랐다.

(2018)

3부

동명이인들의 하루

북극서점

진부령 연가

정미경을 그리다

맹랑 설화

완구점 큰엄마

내돈내산 베스트 작품상

노작의 작은 참새

달콤한 고백

동명이인들의 하루

스물일곱의 미아. 나는 공무원 시험 준비생, 일명 공시생이다.

일 년 정도만 하면 될 줄 알았는데 벌써 3년째다. 대학 2학년 때 친구와 처음으로 노량진에 왔었다. 육교에서 바라본 노량진은 날씨 탓이었는지 음산했다. 그때는 졸업만 하면 꽃 피는 봄날이 펼쳐지리라 생각했다. 몇 년 뒤 내가 여기서 살게 되리라고는 생각도 못했다. 이제는 엄마가 보내주는 생활비도 염치없다. 엄마는 올해까지만 하고 안 되면 집으로 내려오라고 한다. 처음에는 학원과 여성전용 독서실에 다녔다. 날마다 마주치는 이들이 있지만 서로 친해지지는 않는다. 엎드려 자고 있으면 깨워주고 귤이나 초콜릿 등을 조용히 책상에 놓아주는 정도다. 합격해서 저런 친구들과 근무한다면 얼마나 좋을까 그런 생각이 들 때도 있다. 지금은 학원도 안 다니고 인터넷 강의만 듣는다. 밥 먹으러 갈 때만 밖에 나간다. 그것도 귀찮으면 피자 배달해서 온종일 먹을 때도 있다. 고시원에 밥과 김치가 항상 있어 그나마 다행이다. 시험이 다가오면 꿈에서도 문제를 푼다. 합격했을 때와 떨어졌을 때 상황을 수없이 상상한다. 시험이 끝날 때마다 내게 선물한다는 의미로 좋아하는 연어덮밥을 사 먹는다. 목표를 향해 노력하고 좌절하는 젊은이들이 모여 있는 노량진, 창도 없는 방에 오늘도 나는 혼자 앉아 있다.

서른다섯의 미아. 나는 이단평행봉 선수였다.

첫딸을 낳고 쉬고 있을 때였다. 선배가 피트니스 센터를 오픈했는데 운동도 할 겸 나오라고 했다. 마침 가까이 사는 어머니가 아이를 봐 주었다. 몇 개월만 도와줘야지 생각했는데 트레이너 생활 이 년째다. 반 년 정도 관리 중인 회원에게서 취소 문자가 왔다. 이 회원은 꼭 예약시간 다 되어서 연락한다. 저녁시간도 괜찮다고 하더니 매번 식사 준비를 해야 한다는 이유다. 20회 쿠폰이 끝나갈 무렵 몸무게가 그대로라고 따지듯 물었다. 살이 쑥쑥 빠지리라 생각했나 보다. 그럴 때는 언니처럼 편하게 대하라던 말이 무색하리만치 냉정하다. 식사량을 물어보았다. 점심은 거의 외식이고 저녁은 과일만 조금 먹는단다. 이때 말을 흐리마리하면 안 된다. 체중 변화는 없지만 근육량이 늘었고 몸매가 균형 잡혔다고 단호하게 말한다. 회원은 며칠 뒤 남편과 왔다. 걸때가 커다란 남편이 40회 쿠폰을 끊어주었다. 이 정도면 최우수 회원이다. 젊은 회원들보다 트레이닝하기도 쉽다. 시시콜콜한 집안 얘기를 들어주다 보면 시간이 반나마 흐를 때도 있다. 취소 회원 때문에 생각지 않게 집에 빨리 가게 생겼다. 딸이 좋아서 콩콩 뛰겠다.

마흔여섯의 미아. 프랜차이즈 맥주가게를 운영한 지 8년째다.

오늘도 손님이 없다. 이렇게 손님이 적어보기는 처음이다. 계속되는 미세먼지 때문에 사람들이 나오지 않는다. 회사에 다니던 남편은 결혼 초부터 내가 부업하길 원했다. 아이가 초등학교에 들어가자마자 모아놓은 돈과 은행대출로 아파트 단지에 가게를 열었다. 새 건물인데다 본사에서 해준 실내장식도 깔끔했다. 70여 가지나 되는 호텔식 메뉴와 생맥주 때문인지 가족 단위와 여자 손님이 많았다. 생각보다 수입이 좋아 대출을 다 갚을 즈음 남편이 회사를 그만두고 직접 나섰다. 고학년이 되면 손이 덜 갈까 싶던 아이도 내 손이 계속 필요했고, 혼자 하느라 지쳐가던 때여서 환영이었다. 남편에게 맡기고 나는 짬짬이 나오면 되겠지 싶었다. 그런데 회사만 다녀본 남편은 직원 다룰 줄을 몰랐다. 겨우 일을 가르쳐 놓으면 남편과 티격태격하다 나가버렸다. 경기도 예전 같지 않고 최저임금제로 지출도 많아졌다. 다시 내가 나오게 된 이유다. 며칠 전부터 전면 유리에 '생맥주 무료'라고 붙여 놓은 전단지도 효과가 없다. 직원들은 서로 눈치 보면서 핸드폰만 들여다보고 있다. 직원들에게 빨리 퇴근하라고 인심이나 써야겠다.

쉰여덟의 미아. 카페에 왔다. 주인은 친절과 불친절의 중간쯤 무덤덤한 얼굴이다. 뒤로 묶은 머리, 깅엄 체크 셔츠, 갈색 앞치마, 늘 같은 모습이다. 이 카페는 자리마다 콘센트가 있어 노트북 쓰기가 편하다. 그래서인지 혼자 온 손님이 많다. 지금은 상반기 입사철이다. 노트북 앞에 앉아 있는 젊은이들은 거의 자소서를 쓰고 있을 것이다. 우리 아들도 자소서 쓰는 기간이면 카페를 집 삼아 드나든다. 카페가 갑자기 환해진다. 제복 차림의 여자 경찰 예닐곱 명이 들어와 긴 탁자에 앉는다. 일순 손님들 눈이 그녀들을 향했다 거두어진다. 그녀들은 주문한 음료를 들고 나가 카페 바로 앞 경찰서, 벙근 자목련 아래로 들어간다. 꽃숭어리 같던 그녀들이 나가자 카페가 휑하다. 나는 글을 써야 하는데 반나절 동안 붓방아만 찧고 있다. 노트북을 밀어놓고 가져 온 책을 펼친다. 건성으로 읽다가 무슨 소설이 이러나 싶어 제목을 다시 본다. 「일곱 명의 동명이인들과 각자의 순간들」, 한유주 소설이다. 그제야 이해가 된다. 소설에서처럼 내 이름을 인터넷에 검색해 본다. 전국 곳곳의 동명이인들이 나타난다. 그중 세 명의 일상을 따라가 보았다.

미아迷兒는 길을 잃어버린 아이다. 내 이름 미아의 한자 뜻이 길 잃은 아이는 아니지만 이름 때문이었을까, 지금까지 살아오면서 쉬운 길은 없었다. 욥벅집벅 살다보니 여기까지 왔다. 스물일곱, 서른

다섯, 마흔여섯 미아들과 나, 비록 지금 힘들더라도 '미아美我'만의 아름다운 자신의 길을 찾아 가리라.

(2019)

북극서점

"손잡이를 힘껏 돌리시면 문이 열립니다. 어려우시면 노크를 해주세요."

문기척을 해도 조용하다. 이런 경우가 자주 있는지 연락처가 있다. 한 시간 뒤로 온다고 들어가 있으란다. 혼자 있을 수 있다니, 환호성을 지를 뻔했다. 비밀번호를 누르자 묵직한 철문이 철컥 열린다. 창으로 햇빛이 비쳐들어 실내가 환하다. 상아색 해먹을 중심으로 찬장과 원목책장, 자개문갑, 책상 등이 잇대어 있다. 중고품으로 꾸렸다더니 책만 들어내면 중고가구점이겠다. 책이 눕고 서고 기대어 노닐고 있는 '북극서점'이다.

예전에는 우리 아파트 상가에도 서점이 있었다. 애들과 그림책도 보고, 좋아하는 작가 신간도 기다렸다 사곤 했다. 버스 기다리다가도, 시장 가다가도 잠깐씩 들러 책을 보았다. 어느 날 서점은 지하로 내려가고 서점 자리는 치킨 집이 되었다. 서점은 지하에서도 오래 못 버티고 문을 닫았다. 줄어들던 동네 책방이 요즘 다시 늘어나는 추세란다. 카페를 겸하거나 문구류나 소품 등을 판매하는 곳도 있단다. 여행 중에 독립서점을 찾는 이들도 많아졌다고 한다.

오 년 전 이사하면서 책을 정리했다. 남편은 우리 집에 책만 없으면 모델하우스처럼 될 거라 믿는다. 책 다 버리고 집을 깔끔하게 만들어봐? 계획은 야심찼지만 버리는 일도 쉽지 않았다. 선별하고 남은 책을 끌어안고 이사를 했다. 책장을 안방과 아들 방으로 나누어 들여놓으니 침실도 서재도 아닌 엉거주춤한 공간이 되었다. 이제 책은 그만 사고 빌려보리라 다짐했다. 그 뒤부터 서점에 가서 신간 둘러보고 읽고 싶은 책은 도서관에서 빌린다. 도서관이 내 책방이고, 도서관 책이 내 책이다 생각한다.

『세상에서 가장 아름다운 곳 동네책방』을 읽었다. 사계절출판사가 창립 40주년 기념으로 만든 책이다. 전국 스물세 곳 책방지기들의 진솔한 이야기가 웅숭깊다. 책에 나온 책방 중 북극서점이 우리 집에서 가장 가까워 찾아왔다. 독서대에 그 책이 떡하니 앉아 있다. 주인이 가장 아끼는 책일까. 책방 주인은 초등 교사를 그만두고 재미있는 일이 없을까 생각하다 서점을 연 '슬로보트' 님이다. 음반까지 낸 가수이고 문화기획자이기도 하다. 『고르고르 인생관』이라는 책까지 낸 작가다. 책장을 자세히 보니 코너마다 여행, 철학, 건축,

환경, 소설책이 질서정연하다. 슬로보트님이 간택한 책들이겠지. 한쪽은 갤러리 북극홀이다. 작가와의 만남이나 독서모임을 하는 곳이겠다. 이제부터 여기는 내 세상이다. 주인은 혼자 춤도 춘다는데 나도 춤이라도 추어볼까.

나도 한때 이런 공간을 꿈꾼 적이 있었다. 지금처럼 카페가 유행하지 않던 때였다. 북 카페 차려서 책 보고 노는 게 꿈이었는데 하마터면 꿈이 이루어질 뻔했다. 분양 팀의 장밋빛 말만 듣고 대출을 받아 상가 하나를 덜컥 계약했다. 건물은 완공되었는데 세입자가 들어오질 않았다. 부동산에 물어보니 '뜬자리'였다. 사람이 다니는 길목이어야 하는데 끝나는 지점이니 누가 들어오겠냐고 했다. 꼬박꼬박 대출 이자는 나갔다. 부동산에 생무지였던 값을 톡톡히 치르면서 뜬자리 골은 깊어만 갔다. 남편에게 슬쩍 집에 있는 책으로 북 카페를 차리면 어떨까 물었다. 남편은 책을 돌 보듯 하니 찬성할 줄 알았는데 반대였다. 부동산 전문가처럼 카페는 안 되고 위층에 요양원이 있으니 죽집이 좋겠다는 의견을 냈다. 평소에 호박죽, 팥죽, 전복죽을 시리즈로 대령한 결과였다. 남편은 내 죽 실력만 알았지 죽집에 관심 없음은 몰랐다. 가게 잘못 열었다가 수천 까먹기는 식은 죽 먹기라고 얼버무렸다. 결국 북 카페는 흐지부지되고 말았다.

서점 한가운데 해먹이 있다. 여기다 어떻게 이걸 놓을 생각을 했을까. 나무에 매단 것만 보았지 바닥에 있는 해먹은 처음이다. 주인이 있다면 쑥스러운 일이겠지만 아무도 없으니 얼른 올라가 보자. 한 손에 들어오는 카뮈의 『결혼』을 들고 해먹 위로 올라가 누웠다. 생각보다 편하다. 글자가 눈에 들어오지 않아 책을 배 위에 올려놓고 눈을 감는다. 책방에서 홀로 놀기, 감미롭다. 여기를 종일 빌릴 수도 있다니 날씨 좋은 날 북파티를 하면 좋겠다. 해먹에 눕거나 소파에 비스듬히 앉아 책 보고 음악 듣고 차 마시고…. 상상이 날개를 다는데 계단을 올라오는 발소리가 들린다. 주인은 아직 올 시간이 아닌데, 빨리 온 건가. 해먹에서 내려오려는데 뒤집어지려 하고 쉽지 않다. 어디서든 내려오기가 더 힘들구나 생각한 순간 바닥으로 나동그라졌다. 카펫이 깔려 있지 않았다면 코 깨질 뻔했다. 밖이 조용하다. 위층으로 올라가는 사람이었나.

  머리를 비다듬고 의자에 얌전하게 앉았다. 주인이 언제 들어와서 보아도 우아한 자세였다. 하지만 온다는 주인은 오지 않고 창으로 들어오던 햇빛도 넘어가고 추워졌다. 북극이 이만큼 추울까 싶었다. 책값을 보내고 『결혼』을 들고 나와 굴포천을 걸었다.

(2023)

진부령 연가

대학 졸업 후 취업이 쉽지 않았다. 서울 맛을 본 뒤에서 다시 고향으로 내려가기는 싫었다. 오빠 집에 버티고 있었는데 취업 준비를 같이하던 친구가 평창에 영양사 서류를 내러 간다고 했다. 그때는 영양사를 채용하는 회사도 많지 않았고 자리가 있어도 알음알음으로 들어갔다. 취업이 절실하다 보니 '영업사원' 모집광고도 '영양사'로 읽히곤 하던 시절이었다.

여행 삼아 친구와 평창교육청으로 갔다. 담당자가 고성군에도 자리가 있다며 내 자격증을 확인했다. 고성군, 처음 들어본 지명이었다. 지도에서 찾아보았더니 동해안 휴전선 위아래로 걸쳐있었다. 전쟁 전에는 이북 땅이었다가 전쟁 후 남북으로 반씩 나뉜 곳이라고 했다. 친구도 멀리 가는데 나라고 못 가랴. 고향으로 가는 것보다는 낫겠지. 오라는 데 없는 서울을 버리고 강원도로 가기로 했다.

그렇게 친구 따라 평창 갔다가 직장을 구했다. 지금 생각하면 참으로 쉽게 '공무원'이 되었다. 외국 무상급식이 끝나고 우리나라가 자체적으로 학교급식을 시작한 1980년대 초였다. 전국 도서 벽지에 500여 개 급식학교가 있었다. 그중 강원도에만 100여 개가 있었는데 도내 대학에 식품영양학과가 없어 영양사가 모두 외지에서 와야 했다.

고성군은 어림짐작으로 그려 본 것보다 훨씬 멀었다. 고속버스터미널도 아닌 시외버스터미널에서 간성 가는 버스를 타야 했다. 같은 강원도지만 평창과 고성은 가는 방향부터 달랐다. 시간도 평창보다 배는 더 걸렸다. 인제, 원통을 지나자 진부령이었다. 잊을 만하면 나타나는 콘크리트 방호벽은 최전방으로 가고 있다고 겁을 잔뜩 주었다. 진부령 정상부터는 구불구불 비포장도로였다. 내가 서울을 버렸다고 생각했는데 멀미로 기진맥진이 되자 서울에서 밀려나 먼 곳으로 떠밀려가고 있다는 생각에 우울했다. 여섯 시간 넘게 걸려 간성읍에 내렸다.

진부령을 내려와 동해 바다 닿기 전에 학교가 있었다. 캐리어를 끌고 교무실로 들어갔다. 두 계절을 채우지 못하고 가버린 영양사가 세 달째 비어있던 학교였다. 선생님들은 환영도 거부도 아닌 멀뚱한 얼굴로 쳐다보았다. 서울에서 왔다는 아가씨가 맹랑하기도, 처량하기도 하다는 표정이었다. 가족들이 내게 보냈던 표정과 비슷

했다. 가족들도 한두 달 있다 오겠지 생각을 했으니까. 나는 여기서 사계절은 살아보리라 터무니없는 다짐을 했다.

빈 관사가 없었다. 자취하고 있는 여 선생과 지내면서 방을 차차 알아보기로 했다. 여 선생 자취방으로 따라갔다. 잠이 오지 않았다. 처음 맡아보는 쿰쿰한 냄새가 학교에서부터 방까지 따라와 마음이 더 심란했다. 건밤을 세운 아침 난데없는 군가와 나팔 소리가 귀청을 흔들었다. 방에서 나와 보니 집 바로 옆이 군부대 정문이었다. 마을 주변은 논과 밭이었다. 유난히 크게 들리던 개구리 소리도, 나팔 소리도 이해가 되었다. 나중에 알았지만 온 동네에 퍼져있던 냄새는 개울가 항아리 속에서 삭고 있는 감자 냄새였다.

고성군은 급식학교가 여섯 곳이었다. 다른 학교는 학생 수가 2,30명인데 내가 간 학교는 자그마치 오백 명이 넘었다. 강원도에서 가장 큰 규모였다. 휴전선 바로 아래이기도 하지만 학생 수도 많아 전임들이 못 버티고 그만두었으리라. 나는 앞뒤 재보지 않고 갔으니 오백 명이면 어떠랴 싶었다. 학생 수가 적으면 그만큼 오지여서 하루에 버스가 두 번 다니는 곳도, 민통선 안에도 있었다. 우리 학교는 읍에서 차로 20분 거리였고 시간마다 버스도 다녔다.

급식소에는 덩그러니 가마솥 세 개만 걸려있었다. 나무로 불을 때는 아궁이였다. 무슨 일이 있어도 10시 반까지는 간식, 12시까지는 밥과 반찬이 만들어져야 했다. 나는 자격증만 있었지 실무는 완전 생짜였다. 다행히 급식학교 지정될 때부터 근무한 조리사 아주머니가 있었다. 손이 빠른 아주머니는 날마다 도와주러 오는 학부모들을 진두지휘하여 요술 부리듯 음식을 척척 해냈다. 급식 담당 아저씨도 따로 있었는데 일머리가 빨랐다. 장작도 패고, 무거운 짐도 옮겨주고, 갑자기 필요한 식자재도 오토바이로 사왔다.

 마을에 방을 구했다. 할머니 혼자 사는 집이었다. 할머니는 꼭 할 말만 하고 조용조용 움직였다. 마당은 늘 깨끗이 쓸려있고 가끔씩 들여다보는 부엌도 깔끔했다. 읍내에 산다는 딸만 오갈 뿐 내왕하는 사람도 없었다. 어느 날 할머니가 내일 아침밥은 같이 먹자고 했다. 처음 있는 일이어서 제사를 지내나 싶었다. 아침에 건너갔더니 미역국에 밥상을 차려 놓고 아들 생일이라고 했다. 큰아들은 인민군으로, 작은아들은 국군으로 가서 아직 돌아오지 않았단다. 그래서 아들들 생일이면 상을 차려준다니 그녀의 마음은 오죽했을까. 말로만 듣던 전쟁 전에는 이북, 후에는 이남이 되었다는 마을 상황이 실감났다.

 수복收復된 땅이니 당연히 북한이 가까웠다. 교무실 앞에 삐라수거함이 있었는데 일주일만 지나면 넘쳤다. 대부분 북한에서 넘어온 것이지만 가끔씩 남한에서 보낸 것도 있었다. 군부대도 많아 민간인보다 군인이 더 많을 정도였다. 아침마다 자명종 대신 부대 기상나팔 소리가 잠을 깨웠다. 줄지어 지나가는 탱크를 보면 금방 전쟁이 날 것 같아 가슴이 졸아들었다. 차츰 밤새 울리는 총소리에도 까딱없이 잠을 자게 되었다. 행군하는 군인들의 짓궂은 장난도 대수롭지 않게 받아넘기는 여유도 생겼다.

학교생활도 익숙해졌다. 점심시간이 지나면 한가했다. 교무실에 있다 보니 일이 많아졌다. 전화도 받고, 손님 오면 차 심부름도 하고, 방송할 일 있으면 방송도 하고, 전전후가 되었다. 그때는 인쇄기가 없어 등사지에 철필로 글을 썼다. 일명 '가리방 글씨'였다. 우연히 가정통신문을 썼는데 글씨체를 본 교감선생님이 감탄하였다. 물론 일을 시키려고 그랬겠지만 내가 글씨를 좀 잘 쓰는 편이었다. 선생님들 일을 거들다가 거의 모든 등사물을 맡게 되었다. 그때 박힌 펜 혹이 그 시절을 말해주듯 아직도 가운뎃손가락에 볼록하게 남아있다.

교장선생님은 마음씨 좋은 시골 할아버지처럼 푸근했다. 젊은 시절 금강산 다닌 이야기를 할 때면 눈이 반짝반짝 빛났다. 아침에 도시락 들고 기차 타고 갔다 종일 놀고 저녁에 왔노라고, 호랑이 담배 피우던 시절 같지만 그리 먼 이야기가 아니라고, 통일되어 금강산 구경 가는 것이 원이라고 했다. 허풍 같지만 그 연배 분들은 금강산 유람을 동네 뒷산 가듯 한 분들이었다.

어느 날 교장선생님이 자주색 중고 '브리사'를 모셔 왔다. 탱크와 얼루기 군인 차들만 넘치던 마을에 새바람이었다. 브리사는 전교생이 바라보는 것만으로도 빛이 났다. 차를 운동장 단상 앞에 세워놓고 보물단지처럼 쓸고 닦았다. 보물단지가 가끔 시동이 걸리지 않는 게 흠이었다. 그럴 때면 꼬맹이 서너 명이 달려들어 밀어야 시동이 걸렸다. 브리사는 교감선생님의 삐까뻔쩍한 '포니'의 등장에 맥없이 밀려날 때까지 전교생의 사랑을 듬뿍 받았다.

그때쯤 울퉁불퉁하던 진부령도 포장되었다. 학교에서 보면 진부령 쪽 산들이 보였다. 사월까지 산 정상에는 눈이 덮여 있었다. 그림으로만 본 알프스가 저런 곳이려니 싶었다. 가을이면 단풍이 서서히 내려오고 봄이면 아래에서부터 푸르러 갔다. 진부령에서 흐르는 물은 마을을 지나 바다로 나갔다. 내가 살던 집 뒤로도 사철 맑은 물이 흘러 머리도 감고 빨래도 했다. 산 좋고 물 좋고 바다까지 있는 진부령 아랫동네가 갈수록 좋아졌다. 길은 포장됐지만 서울까지는 멀고 멀었다. 청정지에 살다 가끔씩 서울에 가면 공해 속에 빠진 듯 어질어질했다. 서울 가는 대신 주말이면 가까운 곳을 찾아다녔다. 특히 설악산이 있어서 얼마나 좋았는지. 외설악, 내설악, 남설악, 북설악 골골샅샅 천둥벌거숭이처럼 돌아다녔다.

그때 소설가 서영은을 좋아했다. 모딜리아니의 그림 같은 작가의 사진을 벽에 붙여 놓았는데 어느 날 내가 그녀에게 주절주절 말을 하고 있었다. 외롭지 않다고 생각했는데 울컥울컥 덮쳐오는 외로움은 어쩔 수 없었나 보다. 영서 사람이 영동으로 넘어오면 영嶺이 높아서 못 넘어간다는 우스갯소리가 있었다. 나도 그러면 어쩌나 겁났다. 정 들면 고향이라지만 부모 형제 떨어져서 그곳에서 평생 살게 될까 봐 무서웠다. 한번 그런 생각이 들자 바라만 봐도 가슴이 뻥 뚫리던 바다도 갈 수 없는 길이었다. 북쪽도 휴전선에 막혀 있었다. 대관령, 한계령, 진부령도 높고 높았다.

  사람들이 좋아서였을까. 산천경개 구경에 빠져서였을까. 그곳에서 4년을 보내고 결혼한다는 거짓말로 영을 넘었다.

  갈 때도 엉겁결에 갔지만 올 때도 계획이 없었다. 다시 서울 오빠 집에서 눈칫밥을 먹었다. 그때는 왜 그렇게 따뜻한 남쪽 고향으로 가기가 싫었는지. 일 년을 놀다 천재일우로 구원자를 만났다. 진부령을 떠난 지 35년이 지났다. 남자들은 군대 꿈을 평생 꾼다고 하던가. 나도 아직 그곳 꿈을 가끔씩 꾼다. 다시 발령을 받는다든지, 식재료가 없어 급식을 못한다든지, 개학이 내일인데 가지 않고 서울에서 놀고 있다든지. 발을 동동 구르게 만드는 꿈이다. 깜짝 놀라 깨면 옆에서 코고는 소리가 들린다. 아, 내가 결혼한 거지.

(2021)

정미경을 그리다

 당신이 한눈에 들어옵니다. 민소매 원피스를 입고 살포시 웃고 있습니다. 건강해 보이고 여전히 예쁩니다. 계단을 올라가면서 벽에 걸려 있는 사진을 보았습니다. '한중 작가회의' 단체 사진인데 당신이 떠나기 반년 전 날짜가 찍혀있습니다. 당신도 보았을 거라 생각하니 무심히 둘러보던 문학관 곳곳이 특별해졌습니다.
 소설가 정미경. 당신을 좋아했습니다. 당신 소설은 다른 여성작가들과 확연하게 구별되었지요. 자본주의와 여러 계층 삶을 이야기했습니다. 화가이면서 글도 잘 쓰는 김병종 교수가 당신 남편인 줄은 나중에 알았지요.『화첩기행』을 신문에 연재하고 있던 때였습니다. 남편과 같이 세계여행을 다닌다 싶으니 부럽더군요. 소설에 외국이 많이 등장하는 이유도 알았고요. 언젠가는 나도 소설 배경인 모로코도 가고 뭉크를 보러 오슬로도 가리라 다짐했습니다. 실은 어려서 내 꿈이 소설가였습니다. 이미 꿈은 희미해졌지만 이 정도는 나도 쓸 수 있겠다 만만하게 보이는 소설들이 있었거든요. 그런데 당신 글은 내가 닿을 수도, 넘볼 수도 없는 세계였습니다. 모든 걸 다 갖추고 소설까지 잘 쓰는 당신을 시샘했습니다. 그러면서도 다음 소설을 기다리고는 했지요.

스물한 살에 남편을 만나 연애를 했다지요. 그녀가 내 인생 속으로 들어오는 느낌이었다고 말한 남자. 200통이 넘는 편지를 주고받다 결혼을 했고요. 그 남자가 교수로 화가로 유명해지는 동안 당신도 신춘문예에 당선되고 두 아들도 낳았지요.

신문에서 당신 타계 소식을 접했습니다. 나를 강한 질투심에 사로잡히게 한 당신은 환갑도 안 된 나이에 허망하게 떠나버렸습니다. 믿기지 않았습니다. 보름 전쯤 연말 무렵 신문에서 당신 글을 읽었습니다. 이루지 못한 것에 대해 자책하지 말고 자신에게 선물을 준비하자 했더군요. 여행이든 한아름의 책이든 며칠간의 게으름이든. 당신이 투병하면서 쓴 글인 줄 몰랐습니다. 암 치료를 거부하고 남편과 24시간 같이 있었다고요. 한 달간 남편과 보낸 시간을 계산해서 여든까지 살았다고 좋아했다는 당신. 친정어머니 투병 과정을 보면서 당신은 며칠 아프다 떠나고 싶다고 평소에 이야기했다지요. 당신 소설에 이런 말이 있습니다. 평생 조용한 삶을 산 사람들은 죽음 앞에서도 조용하고 떠들썩하게 살아온 사람들은 죽음 앞에서조차 여전히 소란하다고요. 당신은 내가 흉내도 못 낼 정도로 죽음까지 품위 있게 마무리해버렸습니다.

　당신이 홀연히 떠난 지 일 년이 지났습니다. 일주기에 맞추어 유고소설 두 권이 출간되었습니다. 당신의 화려한 문체를 다시 읽을 수 있다니 반가웠지요. 남편이 발문을 썼더이다. 평생 문학 동지이자 연인이었고 누이였으며 어머니였고 아내였답니다. 독자들에게 제대로 인정받지 못하고 상복도 없었다고 안타까워합니다. 눈물겹고 절절합니다. 동료작가들 추모 산문도 실렸습니다. 당신은 사진으로 보면 도회적이고 깐깐해 보입니다. 그래서 남편 잘 만나 여행 다니고 글만 쓰고 사는 줄 알았습니다. 살림도 잘하고 집안 대소사도 완벽했다고 다들 입을 모아 칭찬하네요.

　『당신의 아주 먼 섬』은 작업실에서 남편이 찾아낸 원고라지요. 다시 다듬기 위해 던져놓았던 민낯 그대로 출간되었고요. 신안군을 배경으로 영화나 문학작품을 만들고 싶었던 군수가 부탁해서 쓴 소설이더군요. 지원을 아끼지 않았던 군수가 바뀌면서 소설 출간이 늦어지고 원고가 묵혀있었던가 봅니다. 남편은 "그녀의 몸을 삭아 내리게 했던 소설, 내게서 그녀를 데려가 버린 도화선이 되었던 미운 소설"이라고 말합니다. 이 소설을 쓸 무렵부터 당신 몸이 급격히 무너져 내렸다고요.

　우연일까요. 내 고향이 신안입니다. 신안은 포도알을 흩뿌려 놓은 듯한 섬이 1004개나 있어 천사의 섬이라고도 하지요. 그동안 당신 소설 배경이 세계 곳곳이었는데 마지막 소설은 남도의 작은 섬이라니요. 소설에서 버려진 소금창고를 도서관과 카페로 개조했습니다. 깜짝 놀랐습니다. 내가 나중에 고향에 가서 하고 싶은 일이거든요. 친정 오빠가 염전을 하는데 새로 소금창고를 지었습니다. 낡은 소금창고는 헐지 말고 저에게 주라고 했거든요. 북 카페를 하겠다고요. 소설에서처럼 음악회 할 정도로 잘난 친구들은 없지만요.

당신은 소설에서 신안을 종합선물세트처럼 보여줍니다. 고향이 눈에 선하게 다가왔습니다. 갯벌생물인 갯강구와 갯지렁이, 칠게, 염생식물인 퉁퉁마디, 칠면초, 나문재도 등장합니다. 남도에 많은 무화과와 비파나무, 지천으로 널려있던 세발나물도 나옵니다. 화가 김환기, 자산어보와 표해시말, 해저유물도 언급합니다. 횃불 들고 낙지 잡는 일이나 초상났을 때 끓이는 갈파래국까지 이야기합니다.

초고여서 다소 아쉬운 부분도 있습니다. 내용이 앞뒤가 안 맞는 곳도 있고 사투리도 어색합니다. 김치에 산초를 넣고, 방아 향이 나는 장어탕도 신안 식은 아닙니다. 당신 남편도 출렁인 곳이 많다고 했더이다. 청탁 받고 처음 신안에 가 보았다는 당신이 이만큼 그려내기도 쉽지 않았을 테지요. 퇴고를 했다면 완벽한 글이 되었을 겁니다. 초고를 읽는 기쁨도 있었습니다. 화려하게 잘 차려입은 모습만 보다 수수하게 입고 동네 산책하는 모습을 본 것 같았으니까요.

정미경을 그리다

이 책은 당신이 내게 주고 간 마지막 선물 같다는 생각이 듭니다. 당신을 향한 지극한 남편 사랑에 당신 죽음도 이제 더이상 애달파하지 않으렵니다. 당신 남편도 이제 홀로 된 고통에서 차츰 벗어나 붓을 들려고 한답니다.

작가가 아니었다면 댄서가 되고 싶었다는 당신. 하늘나라에서 마음껏 춤추소서.

(2018)

맹랑 설화

　노래를 좋아하는 친구가 자기 태어난 해에 무슨 노래가 유행했을까 궁금해 했다. 네이버 양에게 물어보았더니 「노란 샤쓰 입은 사나이」였다. 한명숙이 부른 노래다. 60여 년 전인데 일본, 동남아로 순회공연까지 다녔고 한명숙 주연으로 영화도 만들어졌다. 나는 노래보다 문학에 관심이 많으니까 내가 태어난 해에 문인들에게는 무슨 일이 있었을까 찾아보았다.
　김말봉 소설가가 2월 9일 61세로 영면하였다. 작가는 「중외일보」 신문기자로 활동하던 중, 중앙일보 신춘문예에 「망명녀」가 당선되었다. 처음부터 흥미 중심의 통속소설, 재미있게 읽을 수 있는 소설을 쓴다는 신조를 가졌다. 신문 연재소설을 많이 썼는데 최초의 대중소설가라는 명예를 얻기도 했다. 망우리 공원 묘비에는 "마음 깊은 곳에 숨어 있는 푸른 날개에서"라고 쓰여 있다.

수주 변영로는 3월 14일 63세에 후두암으로 세상을 떠났다. 시 「논개」로 유명하지만 14세에 영시 「코스모스」를 발표하기도 했다. "술이라면 수주를 뛰어넘을 자가 없다."는 유행어가 생길 정도로 애주가였다. 수필집 『명정 40년』에는 술에 얽힌 이야기들이 호쾌하게 그려져 있다. 고향 부천에서는 1999년부터 수주문학상 공모, 2005년부터는 수주문학제를 열고 있다. 나는 10년 전 수주 아내에 대한 글을 썼는데 올해 수주문학제에서 연극으로 각색되어 공연되었다.

「백치 아다다」를 쓴 소설가 계용묵은 8월 9일 58세로 타계하였다. 『현대문학』에 『설수집屑穗集』을 연재하던 중이었다. 망우리 공원 유택에 현대문학사와 문우 일동이 1주기를 맞아 묘비를 세웠다. 거기에는 "중요작품명 백치아다다 병풍에그린닭이 별을헨다 이 밖에 60여 편을 남겼다."고 새겨 있다.

시인 조지훈은 벨기에서 열리는 국제시인회의에 참석하기 위해서 9월 4일 김포공항에서 비행기를 탔다. 처음이자 마지막인 해외여행이었다. "혼자서 하는 여행은 쓸쓸하고 고달프다. 모처럼 온 길을 그냥 갈 수 없어 그렇지 그저 돌아가고만 싶다."고 했다. 제자들과 지인의 도움으로 유럽과 동남아를 두루 돌아다니고 왔다. 20여 년 전 시인 생가를 찾아 영양군 주실마을에 갔었는데 고택과 일월산이 인상 깊었다.

이성부 시인은 「소모消耗의 밤」으로 『현대문학』 초회 추천을 받았다. 이어 「백주」, 「열차」로 완료 추천을 받고 정식으로 문단에 나왔다. 시 「봄」에서는 "기다리지 않아도 오고/ 기다림마저 잃었을 때에도 너는 온다"고 절망 속에서 희망을 노래했다. '봄'이 자유와 민주의 상징이라는데 깊은 뜻도 모르면서 봄만 되면 나도 모르게 입에서 이 시가 읊조려진다.

평생 분단문학에 매달려온 소설가 이호철은 「판문점」으로 현대문학상을 받았다. 2013년 「판문점 2」를 추가해서 장편 『판문점』을 펴냈다. '소설의 느티나무 숲'은 고양시 선유동에 있는 작가 집필실이다. 그곳에서 2009년부터 단편소설 페스티벌이 매년 열린다. 5년 전 나도 참석한 적이 있다. 분단문학포럼이 주최하는 행사이기에 6·25에 맞춰서 하는데 그해에는 9월에 했다. 선선한 나무 그늘에서 종일 소설 속으로 빠져들었던 호사스러운 날이었다. 그날 조용조용 행사를 돕던 작가는 이 년 뒤 타계하였다.

최인훈은 『광장』을 발표하였다. 남북한 이데올로기 대립을 파헤친 대표작이다. 철학과 학생인 이명준을 내세워 이남의 개인주의와 이북의 도식주의를 비판한 소설이다. 주인공은 결국 남한도 북한도 아닌 제3국을 택했다가 자살하고 만다.

전혜린이 『생의 한가운데』를 번역 출간했다. 이 책을 나는 여고 때 수업시간에 몰래 읽다가 선생님께 뺏겼다. 다시 읽어야지 하면서도 아직 읽지 못했다. 그녀는 31세에 생을 마쳤다. 『그리고 아무 말도 하지 않았다』 유고 수필집 제목처럼 그리고 아무 말도 하지 않았지만 아직까지 그녀를 기리는 이들이 많다. "하늘이 주신 시간에/ 시간을 보태고/ 사랑에 또 사랑을 보탠 다음/ 눈감아 여기 잠든 이/ 전혜린 여사여" 김남조 시인이 쓴 묘비명이다.

황순원이 장편 『나무들 비탈에 서다』로 예술원상을 수상하였다. 그의 아들 황동규는 같은 해 시집 『어떤 개인 날』을 출간했다. "내 그대를 생각함은 항상 그대가 앉아 있는 배경에서 해가 지고 바람이 부는 일처럼 사소한 일일 것이나"로 시작하는 「즐거운 편지」가 들어있는 첫 시집이다. 이 시를 연애편지 쓰면서 내 글인 양 자주 도용했다.

12월 마지막 날 한국문인협회가 창립되었다. 김동리를 비롯한 44명의 준비위원이 결성하였다. 우리나라 문인들 활동단체인 한국문인협회는 현재 회원이 1만 4천여 명에 이른다.

1961년 5월 어느 날, 보리누름 철이었다. 하루 두 번 연락선이 다니는 남쪽 끝 섬마을. 오전 배 지나가고 새참 때쯤 한 아이가 태어났다. 아이는 문인들을 흠모하며 자랐다. 글공부하면서부터는 언젠가 나도 괜찮은 수필가가 되지 않을까 당찬 꿈을 꾸었다. 갈수록 꿈이 깊어지다 보니 '한 송이 국화꽃을 피우기 위해 봄부터 소쩍새가 울었듯' 그해 문인들 숨결이 나를 탄생시키기 위한 것이었나?

설화 같은, 참으로 맹랑 설화 같은 생각을 한다.

(2019)

완구점 큰엄마

초등학교 5학년 여름방학에 무용을 하게 되었다. 선생님도 무용에는 문외한이었는지 섬에서 나를 데리고 M시로 갔다. 과외 선생에게 속성으로 독무를 배웠다. 보라색 반짝이 옷을 입고 예능대회에 나갔다. 어마어마하게 넓은 강당에 사람들이 꽉 차 있었다. 상 받은 기억이 없으니 꼴찌쯤 하지 않았을까.

그 여름을 큰엄마 집에서 보냈다. 이층 적산가옥이었다. 큰엄마 집에서는 석유 냄새 같기도, 거름 냄새 같기도 한 이상한 냄새가 났다. 뱃멀미처럼 계속 속이 울렁거렸다. 큰엄마가 '오시이레' 벽장에서 꺼내주는 센베이를 먹으면 잠시 숙지근해졌다. 나중에야 그 냄새가 수돗물 냄새라는 걸 알았다.

큰엄마는 완구점을 하셨다. 나는 엎어져도 다시 일어나는 오뚝이와 눈을 감았다 떴다 하는 인형에 빠졌다. 큰엄마는 눈알이 툭 튀어나오고 뼈만 앙상한 한주먹 감도 안 되는 강아지를 키웠다. 마당에서 뒹구는 똥개만 보다 방에서 사는 강아지가 신기했다. 큰엄마는 한가하면 강아지를 앙가슴에 안고 장난감 사이를 둥둥 떠다니듯 하면서 총채로 먼지를 털었다. 그러다 "나비야!" 하면 어디선가 사뿐 고양이가 나타났다. 강아지도 고양이도 큰엄마와 있으면 귀해 보였다. 큰엄마는 목소리도 조곤조곤 걸음걸이도 사뿐사뿐 안방마님 같았다. 삼베 적삼 입고 동동걸음 치는 엄마와 달랐다. 엄마와 생전 처음 떨어졌는데도 엄마 생각이 나지 않았다. 완구점에서 큰엄마 딸로 살고 싶었다.

이층은 중학생인 언니 방이었다. 언니 얼굴은 박꽃 같았다. 책상에 분홍드레스를 입은 인형이 있었는데 언니가 인형보다 더 예뻤다. 언니와 있으면 갯바람에 그을려 까무잡잡한 내 얼굴이 더욱 까맣게 보였다. 횃대에는 언니 옷들이 가지런히 걸려 있었다. 언니는 양장점 맞춤옷만 입었다. 내가 물려 입기 좋은 터울이었는지 작아진 옷은 내 차지였다. 언니 덕분에 나는 섬에서 보기 드문 주름치마도 땡땡이 '간따꾸'도 입을 수 있었다.

"얼굴은 딱 봉덕각신디…."

큰엄마를 두고 엄마가 이따금 하는 혼잣말이었다.

큰엄마는 결혼하여 아들을 낳았다. 아들이 세 살 때, 남편이 전쟁에 나가 전사했다. 큰엄마는 노름에 술주정까지 하는 시아버지를 피해 아들을 데리고 친정인 섬으로 왔다. 시집갈 때 가져갔던 옷가지를 팔아 재봉틀을 샀다. 바느질은 자신 있었으니 삯바느질하면서 아들을 키울 생각이었다. 시아버지는 죽은 자식에게 연금이 나오는 걸 알고 큰엄마 호적을 정리해버렸다. 손자가 있어야 연금을 받을 수 있으니까 손자까지 빼앗아갔다. 아들이 다섯 살 때였다.

종갓집 종손인 큰아버지는 아들을 보려고 큰엄마를 작은댁으로 들였다. 친정에 얹혀살던 큰엄마가 개가를 한 것이다. 큰아버지는 M시 기와집 골목에 집을 한 채 사서 큰엄마와 살림을 차렸다. 기와집이 개발로 헐리자 가게 딸린 집으로 이사를 했다. 그 뒤로 큰엄마는 완구점을 하면서 살았다.

큰엄마 집은 친척들 하숙집 같았다. 내가 방학 때 잠깐 있었던 것은 약과다. M시에 일이 있으면 모두가 큰엄마 집으로 갔다. 교통이 불편하던 때라 서울 가면서도, 바람 불어 배가 뜨지 않아도 당연하다는 듯 신세를 졌다. 싫은 내색을 할 만도 하련만 누구에게도 눈치 준 적이 없었다. 우리들은 큰엄마가 소실이라는 생각을 안 했다지만 그녀는 어찌 서럽고 서운한 일이 없었으랴. 종갓집 재산도 시나브로 축나고 큰아버지도 환갑 무렵 돌아가셨다. 제 집처럼 드나들던 친척들 발그림자도 줄었다. 완구점도 사양길로 접어들고 큰엄마 생활은 갈수록 곤곤해지셨다.

큰엄마는 집안 대소사에 언니와 다니셨다. 어린 시절 공주 같던 언니는 여전히 고운 태가 남아 있다. 큰엄마는 교회에 나가신 뒤로 성경 읽고 기도하는 게 하루 일과라고 했다. 나는 부모님 돌아가시고 아이들이 크고 나서야 큰엄마가 보였다. 두세 번 큰엄마에게 용돈을 드렸다. 작년 가을 조카 결혼식에는 언니 혼자 왔다. 큰엄마는 이제 좋은 자리에는 안 다니신단다. 준비해 간 봉투를 언니에게 전할까 말까 되작이다 그냥 오고 말았다.

큰엄마는 뇌경색으로 서너 달 고생하셨다. 어느 날 큰엄마는 언니 손을 잡더니 마지막으로 아들 얼굴 한번 보고 싶다고 하면서 "사랑하는 우리 딸, 엄마가 이렇게밖에 못 살아서 미안했다." 하셨단다. 가끔 전화만 하던 아들에게 언니가 연락을 했다. 아들은 알았다고 하더니 두 달이 넘도록 오지 않았다.

언니는 차도가 없는 큰엄마를 요양원으로 모시기로 했다. 요양원에 가면 못 뵈니까 병원에 계실 때 와보라고 친척들에게 알렸다. 친척들이 며칠 동안 큰엄마를 찾아뵈었다. 요양원 가시기 전날 언니들이 옆에서 이야기하는 동안 큰엄마는 조용히 눈을 감으셨다. 잠자듯이 가게 해달라는 기도대로, 평생 목소리 한번 크게 내지 않은 큰엄마다운 마지막이었다. 비록 보고 싶은 아들은 보지 못했지만 편안하게 떠나셨단다.

김매엽. 장례식장 알림판에 쓰여 있는 큰엄마 이름이다. 지금까지 완구점 큰엄마라고만 불렀지 성함도 몰랐구나. 큰엄마 영정사진을 본다. 엄마가 말한 봉덕각시가 이런 모습인지, 93세 큰엄마가 곱기도 곱다.

(2020)

내돈내산 베스트 작품상

 연말이다. 심심하고 쓸쓸해 텔레비전으로 연기대상을 본다. 데뷔 20년이라는 배우가 수상소감을 말하면서 울먹인다. 연말마다 초청받지 못하고 집에서 텔레비전을 보았다고. 어, 등단한 지 20년 넘은 나와 비슷하네. 언젠가는 나도 저런 날이 올까? 그때 어떤 말을 할까 꿈을 꾸니까 쓸쓸함이 슬몃 사라진다.
 연말이 되면 대부분의 문예지에서는 올해의 작품상을 선정한다. 수필 잡지를 통틀어서 60편을 선정하여 책으로 묶기도 한다. 수필가라면 누구나 이름을 올리고 싶지 않을까. 나의 모지에서도 '올해의 작품상 12'를 선정한다고 공고했다. 매달 보는 책이니 나도 좋아하는 글을 골라볼까 생각하면서 꼼꼼히 읽고 자칭 선정위원이 되어 작품상을 뽑아보았다.

고유진의 「시인 문보영을 읽다」는 독립서점에서 작가가 우연히 본 문보영 시집 『모래비가 내리는 모래서점』을 텍스트로 한 수필이다. 몇 편 읽고 계산대에 올려놨는데 서점 주인이 "오, 이거 추천 책인데요." 한다. 작가는 거기에 대한 답을 독백처럼 길게 풀어 놓는다. 작가는 유려할지라도 진부한 시집보다는 새로운 방식의 시를 좋아한다. 나도 작가의 밋밋하지 않은 글이 눈에 들어왔다. 형식도 내용도 새롭다. 시 등단도 해서일까. 시구처럼 읽히는 문장이 많아 글이 깔끔하다. 시집 한 권으로 이런 글을 쓸 수 있는 작가의 역량이 미덥다. 시인 문보영을 읽으면 내 막힌 글의 물꼬도 트일 거 같아 서점에 갔다. 시집이 있긴 했는데 비닐에 꽁꽁 싸여 있었다. 둘러보니 다른 책도 다 비닐 옷을 입었다. 언제부터 서점이 이렇게 인색해졌을까.

봉혜선의 수필 「전경린의」는 제목이 잘못되었나 싶었다. "전경린의 작품을 읽어가며 따라 아프고 따라 슬펐어"로 글은 시작한다. 김영랑 시의 첫 구절이 제목이 되었듯이 작가가 의도적으로 영랑을 따라한 걸까. 봉혜선, 이름부터 특유의 작가 아우라가 풍긴다. 작가의 수필 「이청준 앓이」에 반했던 때가 작년이었나. 제목만 보고 이번에는 전경린이구나 싶어 반가웠다. 작가는 전경린 소설을 섭렵하는데 50년 간 운명처럼 써 오던 일기장을 다시 펼치게 했단다. 그녀의 필력이 오랫동안 쓴 일기에 있음일까, 들고파기 독서에 있음일까. 한 작가의 모든 작품을 읽고 체화되어야만 나올 수 있는 글이다. 전경린을 따라 좌절하고, 기뻐하고, 현실을 잊었다는 작가가 부럽다. 닥치는 대로 읽고 아무 소득 없이 흘려보내는 내 독서 습관을 반성하게 한다. 전업주부라는 작가에게 전업 작가라는 이름을 주고 싶다. 그녀의 작가 시리즈는 계속되겠지. 다음 글이 기다려진다.

배혜숙의 「체호프에게 사과를」은 제목부터 흥미롭다. 체호프가 소설가 안톤 체호프? 사과는 먹는 사과, 잘못했다는 사과? 궁금하게 만든다. 동네 공원에서 시키면 개 한 마리가 작가의 발뒤꿈치를 핥는 데서 이야기는 시작된다. 작가는 개 주인에게 들이대지도 못하고 체호프 이야기만 혼자 중얼중얼하다가 머리가 영, 이상하다는 소리까지 듣는다. 작가는 국어사전을 끼고 산다. 버킷리스트 마지막 목록은 체호프의 소설 『개를 데리고 다니는 여인』 같은 소설을 쓰는 것이다. 멀리서 찾아와 문학 이야기를 나누는 문우도 있다. 요즘은 아이들 유모차보다 개 유모차가 많고 공원 잔디밭도 개판이다. 누구나 당할 수 있는 일이고 말다툼으로 번질 수 있는 일인데 작가는 체호프를 내세워 유머 넘치는 글 한 편을 써낸다. 이 글을 계기로 도서관에서 체호프 소설을 대출해서 읽었다. 작가를 찾아가 산책하면서 이야기 나누고 싶은 마음 가득. 그런데 작가님은 어디 사시나?

때맞추어 '올해의 작품상 12'가 발표되었다. 내가 아무리 노력해도 닿을 수 없어 질투심을 유발하는 글들이었다. 나도 애초에 베스트 8을 자선했는데 내가 방점을 찍었던 작품도 있어 반가웠다.

누구나 선호하는 글은 다르다. 나는 책이나 영화 이야기를 소재로 한 글을 선호한다. 새로운 형식에 재미까지 더하면 금상첨화다. 새로운 형식을 맹랑수필, 재미를 명랑수필이라 스스로 칭하고 좋아한다. 하지만 글 한 편을 완성하기까지의 수고를 알기에 모든 글을 겸허한 마음으로 읽는다.

좋아하는 작가의 글은 문예지 목차를 보고 먼저 찾아 읽게 된다. 이런 작가를 나는 '광클릭 작가'라 한다. 나도 누군가에게 광클릭 작가가 되고 싶은 당치않은 꿈을 꾸면서, 베스트 작품상 이야기를 마친다.

(2024)

노작의 작은 참새

화성시에 있는 '노작 홍사용 문학관'입니다. 노작露雀은 현대문학과 신극 활동을 이끈 분이었지만 그를 기억해주는 이는 별로 없었어요. 생전에 책 한 권도 내지 못했는데 유족들이 1976년에야 『나는 왕이로소이다』를 발간했답니다. 동탄 신도시가 생기면서 노작이 유년 시절을 보낸 이곳에 화성시에서 문학관도 세웠고요. 바로 앞은 빈틈없이 아파트가 들어서서 상전벽해가 따로 없지만 반석산 아래 있는 문학관은 고즈넉합니다.

플래카드를 펼치고 사진을 찍던 사람들이 문학관으로 들어가네요. 문학기행 온 단체 관람객인가 봐요. 나도 현관 옆 팽나무 위로 자리를 옮겼습니다. 입구에 사람들이 모여 있네요. 관장인 손택수 시인이 문학관을 소개하기 시작합니다. 손 관장이 이곳에 온 지도 8년째네요. 노작이 그랬듯 손 관장도 연극, 음반 등 다양한 영역과 연계하여 문학을 대중에게 알리려 노력한답니다. '창작단막극제'를 문학관에서 시행한 것도, '음유시인문학상'을 도입한 것도 비슷한 맥락이지요.

　유리관에 고이 전시되고 있는 책이 『백조白潮』랍니다. 1922년에 발행된 우리나라 최초의 순수문예동인지, 바로 그 책입니다. 100년 만에 복원한 국내에 3점 있는 희귀본이라네요. 노작 홍사용이 『백조』 창간 동인으로 참여한 인연으로 전시되어 있는 거지요. 『백조』는 3호까지 발간되고 말았지만 지금은 복간해서 계간지로 발행되고 있답니다. 관람객이 산유화 극장으로 들어갑니다. 문학관 안에 웬 극장이냐고요. 노작이 23세에 신극 운동에 참여하여 '토월회' 문예부장직을 맡았대요. 재정적인 지원도 하고 희곡도 쓰고 했지요. 나중에는 '산유화회'라는 극단까지 만들기도 했고요. 지금은 지역민들이 극단 '산유화'를 만들어 여기서 공연을 합니다.

　극장에서 나온 사람들이 삼삼오오 문학관을 둘러보기 시작합니다. 먼발치에서 바라보던 내 귀가 번쩍 열렸습니다. 노작의 둘째부인이 있었는데 연보에 없다는 거예요. 노작의 둘째부인이라니, 나를 말하는 것인가. 자식까지 낳고 살았는데 연보에 넣지 않은 것은 잘못이라고 하네요. 저 분은 누구인데 나를 아는 걸까. 지금까지 많은 사람들이 왔지만 내 이야기를 하는 사람은 없었는데, 나를 아는 이가 있다니, 갑자기 눈앞이 아득해집니다. 노작의 연보에 내 자취는 없지만 자식들은 올라 있으니 그것만으로도 감사하다 생각했습니다. 하지만 그동안 서운한 마음이 없었다면 거짓말이겠지요.

그 일행이 밖으로 나와 뒷산 노작의 묘소로 발걸음을 옮깁니다. 나도 사풋사풋 따라갑니다. 그들은 학창시절 교과서에 실렸던 「나는 왕이로소이다」를 이야기합니다. 제목만 알았지 전문을 읽어 보기는 오늘이 처음이라는 이도 있고, 노작 문학관이 화성에 있는지 몰랐다는 이도 있습니다. 묘소에 도착해서 모두 시비 앞에 서 있네요. 1980년대 수원시 문인들이 십시일반으로 돈을 모아 세운 시비이지요.

나는 충청도 어느 암자에서 처음 노작을 만났습니다. 몸이 약해 병구완하러 온 양반인가 보다 했지 시인인 줄은 꿈에도 몰랐지요. 서울로 따라 올라와 세검정 단칸방에 살림을 차렸습니다. 비가 오면 흙벽이 젖고 지붕이 샜지요. 방안에 뚝배기, 항아리 등을 비 받으려고 너저분하게 벌려 놓곤 했어요. 식은밥은 있는데 반찬이라고는 아무것도 없는 날도 있었고요. 그러면 노작은 두부 장수가 외치는 소리를 듣고 두부나 비지를 사구려, 했지만 돈인들 있었겠어요. 노작이 한방 공부를 해서 약방문을 써주면서 근근이 살았으니까요. 손수 한약도 지어 먹었지만 갈수록 몸은 쇠약해졌습니다. 고향에 본부인과 자식들이 있다는 건 나중에 알았어요. 천석지기 넘는 전답이 있었지만 문학 활동과 신극 운동을 하면서 몇 년 사이에 모두 다 남의 손으로 넘어갔다고 하더이다. 죄책감 때문이었을까요. 고향에는 거의 발을 끊고 살았습니다.

어느 날 고향에 있던 가족들이 서울로 거처를 옮겼습니다. 나와 같이 살던 노작은 갈수록 건강이 악화되었고요. 수시로 각혈도 했습니다. 그 무렵 결혼한 큰아들이 집으로 가자고 찾아왔습니다. 초겨울 노작은 큰아들 집으로 갔어요. 건강을 회복하리라 믿었는데 두어 달 뒤 세상을 떠나고 말았지요. 노작은 살아서 그리워했지만 자주 가지 못했던 고향 뒷산에 영원히 잠들었습니다. 여기가 바로 그곳입니다.

노작은 '소아笑啞', '백우白牛' 등 여러 호가 있었지만 '노작露雀'을 주로 사용했어요. 이슬 로露에 참새 작雀이지요. 나라와 자신의 처지가 서러워 '이슬 맞은 참새'라 했을까요. 나는 생전에도 노작 옆에서 작은 참새로 섧게 살고, 죽어서도 참새가 되어 노작이 잠들어 있는 반석산에 머물렀습니다. 이제는 내 이름 석 자 '황숙엽黃淑燁'을 기억해주는 이를 만났으니 훨훨 날아가렵니다.

(2024)

달콤한 고백

　남편 회갑이다. 남편은 무슨 회갑이냐고 손사래를 치더니 생일이 다가오자 멀리 사는 형님들까지 모실 계획을 세웠다. 실은 남편과 해외여행을 하려고 3년간 몰래 적금을 들었다. 세계 어디라도 데려다 줄 것 같던 목돈은 이리저리 새버렸다. 해외는 물 건너가고 제주도나 갔다 올까 생각 중이었다.
　남편은 팔남매 중 막내다. 남편의 오랜 꿈은 형제들 다 모시고 해외여행 가는 거다. 얘기를 들을 때마다 "돈만 있으면 내 꿈도 딱 그건데." 시원하게 맞장구를 쳤다. 형제들이 벌써 네 분이나 돌아가시고, 연세들도 많다. 남편 사업이 불같이 일어나지 않아 꿈은 갈수록 멀어져 간다. 남편도 그걸 아는지 이번에 형제들과 작은 추억이라도 만들고 싶나 보다.
　일요일 아침, 남편에게 사전답사나 가자고 슬쩍 떠보았다. 평소에 어디 가자고 하면 온갖 핑계를 대고 뭉그적거렸으나 기다렸다는 듯 바로 일어섰다. 숙소와 식당을 알아보느라 한나절이나 돌아다녔지만 군소리 한마디 없다. 장소는 시댁과 수도권 중간쯤인 온양으로 정했다. 생각보다 판이 커졌지만 일박 이일 일정과 초대장을 형제들에게 보냈다.

"무릎 수술 할라고 했는디 막둥이가 부른께 바로 와 부렀네."

약속한 날, 과수원 하는 나주 형님을 필두로 모두들 시간 맞추어 식당 앞으로 모였다. 쌈밥으로 간단히 점심을 먹고 신정호와 온양 민속박물관을 둘러보고 온천장으로 갔다. 어디 가나 경로우대인데 온천도 할인이다. 열한 명 중 여덟 명이 경로. 회갑잔치가 아닌 경로잔치 같다. 온천장에서 옆에 할머니가 한참을 보고 있더니 "며느리도 딸도 아닌 것 같은데 누구요?" 한다. "언니들이요." 닮지 않은 얼굴들을 보고 의아해하는 눈치지만 우린 열심히 시누이와 올케, 동서 간에 등을 밀었다.

저녁은 잔칫집에 어울리게 깔끔한 한정식집이다. 남편이 주차하는 사이, 몰래 만든 현수막을 가지고 들어갔다. 남편은 벽에 걸린 현수막을 보고도 씩 웃고 만다. 술 한 잔씩을 따르고 남편에게 한마디하라고 했다. 평소 말수가 적어 정말 딱 한마디만 할 줄 알았는데 남편 입에서 말이 술술 나왔다. '저이가 저렇게 길게 이야기하는 걸 본 적이 없는데. 아니 미리 연습 했나?' 쓸데없는 생각에 정신이 팔려 있는 사이 귀가 번쩍 띄었다. 결혼을 잘한 것 같단다. 그리고 집사람을 사랑한단다. 세상에나! 30년 만에 처음 들어보는 말이다.

 많은 관객 앞에서 갑작스런 사랑 고백을 들으니 심장이 뛰었다. 아침에 출발하면서 "이번에는 내가 다 쏠 테니까 당신은 절대 지갑 열지 말아요."라고 해서 기분이 좋은 걸까. 이럴 줄 알았으면 진즉 지갑 좀 열 걸 그랬나. 주책없이 눈에 물기가 맺힌다. "동서 감동했나 봐. 얼굴 빨개졌어." 형님이 놀린다. 남편은 가장 어른인 매형에게 고마움을 표하고 생애 최고의 길고 멋진 연설을 마쳤다.

 숙소로 들어갔다. 시누이가 만들어 온 팥시루떡에 초를 켜고 생일 노래를 불렀다. 모두가 민낯이지만 온천욕 효과인지 얼굴이 반짝반짝 빛났다. 특히 시골 시숙님 얼굴이 훤하다. 형님이 "자네 시숙이 시골 산께 그라제 양복 입고 나서면 지금도 다 쳐다 봐." 했다. 그에 질세라 시동생들이 "그란께 형수님이 형한테 반해서 연애하셨죠?" 하고 놀렸다. 형제들끼리 찍은 흑백사진 한 장을 현수막에 넣었는데 그 사진이 모두를 어린 시절로 데려갔다. 사진 속 까까머리 시숙님도 선글라스 끼고 있는 시누이도 기분이 좋은지 목소리가 커졌다.

 다음날 해미읍성에 갔다. 마침 민속놀이 한마당이 펼쳐지고 있다. 갑자기 모두 활기가 넘친다. 나이를 잊은 듯 제기도 차고 굴렁쇠도 굴린다. 나도 어려서 놀던 가락으로 제기차기 실력을 뽐내 본다. 마지막 일정은 읍성 앞 국밥집이다. 국밥 먹으면서 앞으로 회갑이나 칠순, 팔순은 이렇게 하자고 입을 모은다. 막내가 계획 짜서 오라는 곳이면 어디든 달려가자고 이구동성으로 외친다. 이번 모임이 괜찮았다는 뜻인가. 해외여행은 아니었지만 남편의 꿈도 반쯤은 이루어졌으려나.

집으로 돌아오는 길, 휴게소에서 남편은 내가 좋아하는 호두과자를 사주었다. "인심 쓴 김에 어제 했던 달콤한 고백이나 다시 해봐요." 했더니 못 들은 척이다. 칠순 때나 다시 들으려나.

(2017)

4부

석화의 반란

카페 만화경

꿈꾸는 침향

요리책 소고

볼음에 가다

철새 가이드

하마 취비강을 건너갔을까

인호네 가족사진

네 꿈을 펼쳐라

석화의 반란

 탈 날 게 뭐가 있었지. 화장실을 들락거리면서 어제부터 먹은 것을 계속 머릿속으로 생각했다. 설마 그것 한 점이? 아침 밥상에 남아 있던 어리굴젓, 흐물흐물 뭉그러져 입에 넣자마자 쑥 넘어가 먹은 것 같지도 않던 그것. 무심히 넘긴 고것이 뱃속을 헤집어 놓아 한나절 만에 너부러졌다.
 집 앞이 바로 바다였으니 굴하고 어려서부터 친했다. 봄부터 가을까지는 거들떠보지도 않다가 날씨가 추워지면 감추어 둔 보물이 생각난 듯 굴을 찾았다. 굴을 따려면 조새가 필요하다. 조새는 껍질을 까는 머리 부분은 두툼한 쇠붙이가, 알갱이를 꺼내는 꼬리 쪽은 뾰족한 쇠붙이가 붙어 있다. 우리 집 부엌문 옆에는 조새 두어 개가 늘 걸려 있었다.
 아버지는 평생 들일을 하지 않았다. 겨우 열 평 남짓한 텃밭 가꾸

기가 아버지의 유일한 농사였다. 그 대신 아버지는 집안 살림을 도맡았다. 특히 요리를 좋아해서 텃밭에서 나오는 걸로 무얼 해 먹을까 늘 궁리했다. 아버지는 농사일을 거들지도 않았지만 자식들에게 시키지도 않았다. 그런 아버지가 겨울만 되면 먼지를 뒤집어 쓴 조새를 손보면서 "석화가 맛이 들어쓰까 어째쓰까." 하면서 은연중에 내게 굴 따오기를 바랐다. 여자들이 하는 자질구레한 일은 다 하면서 쪼그려 앉아 굴 따는 것은 자존심이 허락하지 않았는지 안했다.

  썰물에 조새와 양재기를 들고 갯가로 나간다. 엄마는 농사철은 아니지만 다른 할 일이 산더미고 굴 따위는 들여다볼 시간이 없었을 것이다. 아버지는 굴을 꼭 석화라고 했는데 껍질에 물결 무늬를 하고 갯바위에 다닥다닥 붙어 있는 것을 보면 그 말이 딱 어울렸다. 굴 따는 일은 「섬집아기」 노래 가사처럼 평화로운 풍경이 아니다. 바람은 매섭고 손은 곱고 지나가는 배가 만든 너울에 때때로 바닷물 세례도 받는다. 거기다 나는 노랫말처럼 엄마를 기다리면서 스르르 잠들어야 될 정도로 작은 아이다. 반나절쯤 부지런히 손을 놀려도 콩알만 한 자연산 굴은 양재기 반도 채워지지 않는다. 아버지는 내가 따온 굴에서 쩍을 고르고 바닷물에 씻어서 그대로 드셨다. 굴을 만질 때는 정말 꽃을 만지듯 살살 다루었다. 그때부터 나도 굴 맛을 알았다.

  큰오빠가 투병 중이었을 때다. 오빠에게 아버지 같은 스승이 병

문안을 왔다. 그분도 건강이 좋지 않아서 외출을 거의 안 하는데 어려운 걸음을 한 것이다. 반쪽이 된 오빠를 보고 말없이 등만 쓰다듬었다. 오빠는 그분 앞에서 응석받이 막내아들처럼 굴었다. 장남 노릇, 큰형 노릇하느라 우리 앞에서는 보여주지 않던 모습이었다. 먹고 싶은 거 먹자는 그분 말씀에 굴밥을 먹고 싶다 했다. 한창 유행이던 통영굴밥집으로 갔다. 탱글탱글한 굴이 먹음직스러운 영양돌솥굴밥이 나왔다. 영양을 가장 많이 섭취해야 할 오빠는 입에 음식이 들어가기만 하면 기침이 나와 삼키지를 못했다. 오빠는 말없이 굴만 골라 내 밥그릇 위에다 올려주었다. 오빠는 밥 한 숟갈도 시원하게 못 넘기는데 나는 꾸역꾸역 오빠 굴까지 다 먹었다.

　우연이었을까. 그 뒤부터 굴만 먹으면 탈이 났다. 굴떡국, 굴짬뽕, 굴매생이국. 배탈이 날 때마다 생각을 해 보면 굴이 들어있었다. 음식 알레르기 있다는 사람을 보면 별나다 싶었는데 내가 별난 사람이 되었다. 냉장고에 있던 굴소스까지 버리고 파전을 먹을 때도 굴이 있나 되작거려 보면서 굴을 멀리했다. 그러구러 잊고 지냈는데 지인이 어리굴젓 한 병을 주었다. 아침상에 놓았다 남은 한 점을 깜박하고 먹어 버린 것이다.

　기진맥진한 몸으로 누워서 권남희 선생의 에세이집을 읽는데 「애도에 대해」라는 글이 있었다. 술을 좋아하는 어머니가 돌아가신 뒤로 술을 마실 줄 모르는 작가는 술을 사들이는 버릇이 생겼다. 술을 좋아하는 사람들 모임에 들고 나가 그들을 이해하며 술에 취한 즐거움을 나누는데 그런 행위가 어머니를 향한 애도의 절차라는 걸 알게 된다는 글이었다.

  그렇다면 내 몸속에 들어오기만 하면 요동치는 석화의 반란도 오빠에 대한 애도일까. 돌아가신 지 7년째다. 이제는 잊고 지내다가 가끔씩 생각나는 오빠지만 오늘은 많이 보고 싶다.

(2016)

카페 만화경

남과 남男男

결혼한 지 세 달 되셨다고요. 혼자 살 때보다는 여러 가지 부담스럽죠. 마흔한 살, 4대보험 가입자고 담배 피우고, 자녀는 한 명 계획이라고요. 평균소득이라는 게 있어요. 중형차에 35평 아파트, 자녀 2명, 평생 15억에서 19억 듭니다. 노후 자금까지 생각하면 3억 더 들어가고요. 형님에게 권하고 싶은 상품은 연금입니다. 연금은 한 달이라도 빨리 가입해야 됩니다. 시간이 금이지요. 국민연금은 68세부터 나옵니다. 서른 전에 가입해도 150밖에 안 나와요. 그것만으로는 살기 힘들죠. 60에 집에만 있으면서 짐이 될 건지, 여행 다니면서 노후를 누릴 건지 생각해야 합니다. 지금은 먼 훗날 같지만 금방입니다. 저는 이 직업을 삼십 년 해야지 생각하고 있기 때문에, 저만 알고 가기보다는 다른 분들에게 알려드리고 싶은 겁니다. 지금 형님이 가입한다면 월 70 정도 들어갑니다. 제가 설명 드릴 부분은 여기까지입니다.

 카페 옆자리에서 들려오는 이야기이다. 보험 권유 멘트는 20년 전이나 지금이나 변한 게 없구나. 구구절절 다 맞는 말씀이긴 하다. '형님'은 억, 억 하니까 속이 타는지 유리잔에 남은 얼음조각만 으득으득 씹어 먹는다. 나도 60까지 금방 와버렸다. 현금 자산도 노후 자금도 넉넉지 않지만 건강하게 살아온 것만으로도 감사하다. 살다보면 보험을 중도해지할 수밖에 없는 일이 시시때때로 생기는 걸 젊은이들이 알까. '형님'은 월 70이라는 말에 깜짝 놀란 듯 다시 연락하겠다고 얼버무리고 순식간에 나가버린다. 당황한 것은 엿듣고 있던 나뿐, 보험 청년은 태연하다. 그는 펼쳐놓은 서류를 착착 각 맞추어 가방에 넣고 소중한 걸 잊고 있었다는 듯 묽어져버린 아이스커피를 마신다.

 남과 여男女

 나는 혼자 있을 때 행복해. 여러 사람 만나면 기가 빠져. 너도 조용한 시간을 가졌으면 좋겠어. 갔다 오면 다른 준비 할 거지. 코로나 때문에 지금 가기 어렵다고. 잠잠해지면 갈 거잖아. 다른 방향으로 생각해 보는 것도 괜찮아. 뭐든 부딪쳐 봐야지. 하다 보면 잘하는 게 나올 거고. 원래 나도 디자인은 중간에 배운 거고 따로 하고 싶은 게 있긴 해. 이렇게 생각해 보면 어떨까. 나는 A가 너무 필요하고 갖고 싶은 거야. 그렇지만 그걸 가질 수 없어. 그러면 B라도 갖는 거야. 우리는 A만 원하지만 하나님은 B나 C를 주실 수도 있는 거야. 때로는 그걸 갖고 있다 보면 깨달음을 주실 수도 있고. 하나님은 우리 기도를 하나도 빠지지 않고 다 들으시니까. 믿음만 있으면 언젠가는 다 주시지.

아가씨는 처음부터 찻잔을 두 손으로 감싸고 조용히 듣고만 있다가 차츰 기가 빠지는지 의자에 등을 기대고 자세가 흐트러진다. 교회 오빠의 횡설수설이 이어지자 꽃무늬 원피스 자락을 손으로 만지는 데 집중한다. 뭐든 부딪쳐 보는 시기. 불확실한 미래도 겁나지 않던 나이. 나도 저런 시절이 있었지. 어딘가로 떠나려는 아가씨가 부럽기도 하지만 그 시절로 돌아가라면 싫다. 다시 살아본들 더 잘 살아낼 자신이 없다. 찻잔과 의자까지 반듯하게 정리하고 교회 오빠를 따라 나가는 아가씨의 뒷모습이 쓸쓸하다.

여와 여女女

언니는 지금 손주 보느라 너무 다운되어 있어. 코로나 수그러들면 여행 한 번 갔다 와. 그냥 계획 없이 가는 거야. 맛있는 거 먹고 카페 가서 멍때리고 있다가 숙소에 가서 쉬고. 그러면 어쩔 때 나는 뭔가 하고 눈물이 난다니까. 내 얼굴에 예전에는 그늘이 있었잖아.

지금은 하나도 없지. 언니 얼굴에 지금 그늘이 가득이야. 그걸 걷어 내. 내가 피 주머니 차고 한 달을 살았잖아. 그때 정말 많은 생각이 들었다니까. 남편, 자식 심지어 집에서 키우는 개새끼한테도 서운하더라고. 오죽했으면 죽을 생각까지 했겠어. 나는 무슨 일 있으면 혼자 끙끙 앓으면서 감당했잖아. 이제는 내가 지금 이래서 불편하다고 가족에게 전부 말해. 자잘한 것은 잊어버리려고 노력도 하고. 아픈 뒤로 15년 했던 가게도 정리했잖아. 언니도 자식에게 너무 매여 있지 말고 훨훨 날아다녀. 언니가 그런다고 자식들이 알아주지도 않아. 우리가 건강하게 살날이 얼마나 남았겠어.

목소리만 들으면 산전수전 겪은 분 같지 않다. 남을 가르치려드는 당당함이 넘친다. 헬스장에서 오는 길인지 운동 가방이 옆에 있다. 아파보면 여러 가지가 보인다. 전처럼 살지 말아야지 다짐도 한다. 도통한 듯한 말씀 다 옳다 고개 끄덕이다가 그게 말처럼 쉬운 일은 아니지 싶다. '언니'는 닦달하는 동생이 못마땅해 성이 나지만 부앗가심할 방법이 없어서인지 핸드폰만 들여다보고 있다. 동생 말이 길어지자 거울을 꺼내서 들여다본다. 언니는 얼굴에서 정말 그늘을 보아버렸는지 죽을상이 되더니 손주 올 시간이라고 하동지동 일어나 나가버린다.

(2020)

꿈꾸는 침향

"오늘 대박 날라다 말았다."

통화 중에 대뜸 오빠가 한 말이다. 오빠는 고향에서 벼농사와 염전을 한다. 쌀값은 바닥이고 소금도 수입산 때문에 똥값이다. 그런 마당에 대박날 일이 뭐가 있을까 싶으면서도 궁금하다. 비석거리 길을 넓히는데 납작한 나무토막이 나와 혹시나 해서 주변을 걸터듬었지만 아무것도 없었단다.

비석거리, 오랜만에 들으니 정겨웠다. 원래는 땅에 나무를 묻고 표시하기 위해서 세운 매향비가 있었다는 곳이다. 매향埋香이란 미륵이 오실 날을 기다리며 향나무를 갯벌에 묻는 의식이다. 매향비는 매향을 한 후 그 사실을 증거로 남기려고 세운 것이다. 비문은 민초들의 투박한 솜씨로 암각하고 사람이 쉽게 찾을 수 없는 장소를 택해 세웠다. 나무를 묻는 장소는 바닷물과 민물이 만나는 곳,

주로 바닷가 갯벌이었다. 매향 의식은 미륵신앙에 근거한 것이다. 민초들에게 미륵은 힘들고 어려운 세상에서 구원해 줄 구세주였다. 고려 말에서 조선 초 해안지역에서 매향을 많이 했다. 해안지역은 관리들 수탈과 왜구의 노략질이 심해 곤궁한 삶과 미래에 대한 불안으로 미륵불을 찾게 만들었다.

아버지는 매향비가 있던 마을에 우환이 겹치자 한 노인이 그것 때문이라고 믿고 정과 망치로 비석을 깨서 없애버렸다는 이야기를 듣고 자랐다. 아버지는 땅속에 나무들이 있을 거라고 굳게 믿었다. 저주지 옆 논밭에 중학교가 세워질 때도, 농지정리를 할 때도 오빠에게 뭐가 나올지 모르니까 조심해서 살펴보라고 하였다.

오빠에게 아직도 그걸 믿느냐고 했더니 문헌에 나와 있단다. 설마 하면서 인터넷 검색을 해 보았다. 정말 『세종실록』에 있었다. 실록에 나와 있는 내용을 꾸며보면 이렇다.

1414년(조선 태종 14년) 무렵 권극화權克和는 나주 지방관으로 부임한다. 염분을 살피기 위해 팔흠도八歆島(지금의 신안군 팔금도八禽島)에 갔다. 한양에서 내려올 때만 해도 배를 타고 섬까지 가게 될 줄은 몰랐다. 염분은 나주평야에서 나오는 쌀만큼이나 귀한 것이니 관리를 잘 해야 한다. 다도해의 풍광을 뱃머리에서 감상하는 것도 잠시, 배가 큰 바다로 나가자 놀이 심했다. 뱃멀미는 체면을 차릴 수 없게 만들었다. 배에서 내려서도 몸이 바다에 떠있는 것처럼 울렁거렸다. 속을 가라앉히려고 바닷가를 걸었다. 걷던 중 풀 속에 납작한 돌덩어리가 세워져 있는 게 보였다. 지나치려 했는데 글자가 새겨져 있었다. "통화 20년 중과 속인의 향도 300여 인이 침향을 만드는 일로~." 글자들은 비뚤배뚤했지만 또렷했다. 침향을 하고 세운 매향비埋香碑였다. '통화'면 고려 목종 때 사용한 요나라 연호다.

권극화는 섬에 온 목적도 잊고 오래전 펼쳐졌을 매향의식을 떠올렸다. 스님의 염불소리에 흰옷 입은 아녀자들은 비손을 하고, 팔다리 걷어붙인 남정네들은 나무토막들을 갯벌에 묻느라고 비지땀을 흘리고 있다. 경건하면서도 흥성흥성하다. 권극화는 바람을 쐰 탓인지 매향비를 봐서인지 한결 속이 좋아졌다. 염분을 만드는 곳으로 갔다. 가마솥에 바닷물을 넣고 불을 때서 만드는 화염火鹽이다. 팔흠도는 근동에서 염분을 가장 먼저 만들었고 염분을 모아놓은 창고도 있다. 화염을 만드는 곳도 스물다섯 군데나 된다.

권극화는 한양으로 올라와 성균관 직강으로 있으면서 매향비의 내용을 임금에게 적어 올렸다. 세종 4년(1422년) 2월에 태상왕이 이를 보고 침향을 캐 오라고 권극화를 보냈다. 팔흠도에 갔지만 매향비는 온데간데없고 침향도 찾지 못하고 돌아왔다.

통화 20년은 고려 목종 5년(1002년)이다. 지금 전국에 남아 있는 매향비는 1400년대 것이 대부분인데 한참 앞선 시기이다. 우리 섬에 고려시대 삼층석탑이 지금 남아 있으니까 절도 있었을 것이다. 그 시절 스님들과 주변 섬 남녀노소가 모두 모여 매향의식을 했으리라. 권극화가 눈여겨보기 전까지 매향비는 조용히 잠자고 있다가 그 후에 사람들이 관심을 가졌을 테다. 그런 와중에 마을에 여러 일들이 생기자 동티가 났다고 믿은 노인이 비석을 없애버렸다. 그는 사람들이 대거리를 할 수 없는 지위와 위엄이 있는 마을의 수장이었을 것이다. 그는 권극화가 다시 찾아오리란 걸 알았을지 모른다. 그는 비석을 없애면서 침향이 사람 손을 타지 않고 스스로 모습을 드러내기까지 꼭꼭 숨어 있기를 바란 것은 아닐까.

매향비는 없어졌지만 금값하고 맞먹는다는 침향은 천년 동안 땅속에서 꿈을 꾸고 있을까. 옛사람들은 매향이 떠오르면 미륵 세상이 온다고 믿었다는데. 시절이 하 수상한 지금 미륵보살님이 빨리 오셨으면….

(2017)

요리책 소고

일요일 오후, 화창한 봄날이다. 집에 있기는 아까운 날씨다. 세 남자는 거실에서 편안한 자세로 텔레비전을 보고 있다. 야구경기를 할 때만 볼 수 있는 풍경이니 뭐라 할 수도 없다. 방으로 들어오면서 "야구는 왜 맨날 하는 겨." 혼자 구시렁거렸더니 한 남자가 "월요일은 안 하는데…." 한다.

부글거리는 속을 잠재우려고 침대에 누웠다. 책장 귀퉁이에 꽂혀있는 오래된 요리책이 눈에 띈다. 궁중요리연구가가 제철 요리를 할 수 있게 계절별로 구성해 놓은 책이다. 지금은 인터넷 검색만 하면 모든 요리법이 나오지만 예전에는 책을 보아야 했기 때문에 신혼 때는 자주 들여다보고 비슷한 요리를 만들기도 했다. 오랜만에 책을 펼쳐본다. 음식에도 유행이 있는지 그릇들도 소품들도 오래된 옷을 입고 있는 듯 초라하다.

그런데 재미있는 낱말들이 눈에 들어온다. 맛은 담박 들쩌근 맵싸 텁텁 새콤달콤 새금 삼삼 짭짤 간간 씁쓰름 꼬랑꼬랑 칼칼하다. 식감은 사박사박 쫄깃쫄깃 아삭아삭 바삭바삭 오돌오돌 파삭파삭 멀컹 살캉하다. 음식의 묽기는 말씬 자작 잘박 걸쭉 녹진 바특 되직 질척하다. 재료의 농도는 꾸덕꾸덕 고슬고슬 말랑말랑 보송보송 야들야들 바슬바슬하다. 썰기는 얄팍 자잘 두툼 큼직 도톰 동글납작 나박나박 송송 어슷어슷 뚝뚝 썬다. 불의 세기는 뭉근 은근 한소끔 팔팔 뜸 들인다. 끓어오를 때 모양은 멍울멍울 자글자글 바글바글 펄떡펄떡 부풋하다. 재료 손질은 살살 바락바락 살짝 박박 주무르거나 치댄다. 다 만든 음식은 색스럽고 소담하게 담아 고명이나 웃기를 올린다. 음식의 종류만큼이나 맛깔난 어휘들이 풍부하다.

모르는 단어도 있다. '베줌치'. 베주머니다. 사전에 '줌치'는 주머니의 옛말이고 경상도 방언이라고 나온다. 벌써 눈 밝은 핸드백회사가 상호로 쓰고 있다. 김장하기 전에 조금만 담가서 먹는 '지레김치'도 예쁜 말이다. 어떤 일이 일어나기 전인 '지레'를 앞에 붙였다. 양념이나 꿀 따위를 넣어두는 항아리인 '뱃두리', 독의 뚜껑이나 그릇으로 쓰는 '소래기'도 사랑스런 단어다.

거실에서 배고프다는 소리가 들린다. 요리책 삼매경에 빠져있느라 시간 가는 줄 몰랐다. 요즘 요리하는 남자들이 대세인데 우리 집 남자들은 대세를 따르지 않는다. 외식도 싫어하고 밥은 식당처럼 주문하면 바로 나오는 줄 안다. 세 남자는 응원하는 팀이 밀렸는지 얼간한 야채들마냥 축 처졌다. 기운 팔팔 살아날 요리, 뭐가 있을까?

냉장고를 연다. 북어대가리와 뒤포리로 만들어 놓은 육수가 보인다. 쌈배추와 쇠고기 불고기감, 깻잎도 있다. 그렇다면 숙주하고 버섯만 있으면 된다. 슈퍼 심부름은 당연히 작은아들이다. 어느 요리 선생은 집에서 음식할 때 강의를 한다 생각하면 재밌다고 했다. 나도 그리 해 볼까.

오늘 저녁요리는 '밀푀유나베'입니다. 쉽고 간단하지만 보기도 좋고 맛도 있는 국물요리예요. 글쓰기에서도 제목이 좋으면 반은 성공인데 제목 좋지요? 천 개의 잎사귀라는 뜻의 프랑스어 밀푀유와 냄비라는 뜻의 일본어 나베예요. 요리책에 나온 우리말을 나열해서 무슨 요리를 하려나 했더니 어려운 외래어, 실망이라고요. 지금은 글로벌 시대에 퓨전요리가 인기잖아요. 제목만 좋고 내용이 못 따라가는 글도 있는데 이 요리는 제목도 내용도 다 괜찮다고 할 수 있어요. 쌈배추 위에 깻잎 두 장을 마주보게 놓고 쇠고기를 올려요. 이것을 냄비 높이에 맞게 잘라 가장자리에서부터 안쪽으로 차곡차곡 세우고 가운데 빈 공간은 버섯으로 장식을 하면 돼요. 색상이 화려하지요. 육수는 야채에서 물이 나오기 때문에 잘박하게 부으면 되고요. 당연히 이것만 건져 먹으면 심심하겠죠. 글쓰기에서도 꼭 집어주는 알짬이 있어야 하듯 소스가 있어야 해요. 단맛이 나는 스위트칠리소스가 어울려요. 이것도 어려운 외래어인데 요리 선생 말씀이 또 생각나네요. 모임에 잡채나 해물파전 같은 요리를 하면 고수처럼 한마디씩 한답니다. 그런데 처음 듣는 소스로 만들었다고 하면 말들이 없다네요. 자, 다 됐어요. 이제 맛을 볼까요.

 밥 먹자고 남자들을 부른다. 남자들은 텔레비전을 식탁 쪽으로 돌려놓고 와서 앉는다. 배고프다고 할 때는 언제고 야구에 눈이 팔려 맛나게 먹지 않는다. "다 졌구만, 뭐 더 볼 게 있다고." 혼잣말에 한 남자가 "야구는 9회 말부터야." 한다. 천 개의 잎사귀가 거의 없어질 때쯤 경기는 끝났다. 남자들이 애타게 기다리던 한 방은 없었다. 야구든 글이든 한 방이 어디 그리 쉬운가. 남자들은 이제 거실에서는 더이상 볼일이 없다는 듯 흩어진다. 나도 멀건 국물만 남은 냄비를 들고 일어선다. 습습한 휴일 저녁이 국물에 떠다니는 대파 조각처럼 지나가고 있다.

(2017)

볼음에 가다

 행사 뒤풀이에서 어느 시인이 자작시 「황해 여인숙」을 낭송했다. 실향민 이야기였다. 이북에 처자식을 두고 내려온 할아버지는 늘 고향을 그리워했는데 어느 날 바다에 나갔다가 돌아오지 않았다. 고향으로 갔는지 바다에서 잘못되었는지 모르는 채 세월만 흘렀다. 할머니는 할아버지와 함께했던 황해 여인숙을 떠나지 않고 기다렸다.
 이 이야기를 귀여겨들은 분이 지인에게 소설로 써보라고 권했다. 지인은 답사 차 황해 여인숙이 있는 볼음도乶音島에 갔다. 할머니는 만나지 못하고 문 닫힌 여인숙만 보고 왔지만 소설로 엮어냈다. 부잣집 아씨였던 할머니, 조실부모하고 아씨 집에 얹혀살았던 할아버지 이야기이다.
 소설집을 출간하는데 출판사에서 여인숙 사진이 있으면 좋겠다고 했단다. 그것을 핑계 삼아 800년 된 은행나무도 있다는 볼음도에 가려고 지인과 나섰다. 이왕 간 김에 은행나무도 보고 둘레길도 걷기로 했다.

　강화 선수항에서 배를 탔다. 아직도 끝나지 않은 전쟁의 비극을 안고 살아가는 할머니, 아니 아씨를 만나러 가는 길이다. 볼음도는 북쪽 해변이 휴전선 남방한계선이다. 해군 장병이 방문 목적을 일일이 물었다. 우리는 누가 봐도 반듯한 몸가짐과 단정한 매무새니 무사통과였다. 날씨가 좋아 바다는 장판이었다. 끼룩끼룩, 갈매기들이 물꽃 위로 따라오면서 울었다. 한 시간쯤 바닷길을 달려 볼음도에 내렸다. 바로 선착장부터 둘레길 시작이었다. 섬 왼쪽으로 돌다 은행나무를 보고 황해 여인숙에 들르기로 했다.

　선착장을 벗어나자 조개골해수욕장이다. 조개에서 으뜸이라는 상합조개가 많아 조개골이란다. 조금 더 가자 갯벌만 보인다. 썰물이면 6~7km까지 물이 빠진다더니 간물때인지 바닷물이 까마득하게 멀다. 모래가 섞여있어 갯벌 위로 경운기가 다닐 수 있다. 어민들은 북한이 가까워 배로 조업은 할 수 없고 갯벌에 그물을 쳐서 고기만 잡을 수 있다. 마침 바다 쪽에서 고기를 걷어오는 경운기가 들어온다. 드넓은 갯벌에서는 천연기념물인 저어새가 번식하고 희귀조인 알락꼬리마도요도 쉬어 간다.

　산길로 들어섰다. 지인이 알뿌리가 마늘쪽만 한 달래 한 뿌리를 캤다. 달래 자생지인지 검불 위가 전부 달래다. 잎을 살살 흔들어 잡아당겼더니 쏙 빠진다. 배낭을 벗어놓고 아예 쪼그려 앉는다. 달래 캐기 삼매경에 푹 빠져있는데 맞은편에서 젊은이가 집게와 비닐봉투를 들고 온다. 봉투에 쓰레기가 반나마 찼다. 플로깅하는 젊은이다. 플로깅은 달리기나 산책하면서 쓰레기도 줍는 자연보호 운동이다. 기특한 젊은이를 보자 정신이 번쩍 든다. 서너 모숨이면 될 걸 시간 가는 줄 모르고 달래 싹쓸이를 하다니. 다시 심어 놓을 수도 없고 무더기로 쌓인 달래를 배낭에 욱여넣는다.

배 시간에 쫓겨 정작 은행나무는 멀리서 바라만 보았다. 지금까지 욕심 부리다 놓쳐버린 게 얼마나 많았을까. 바삐 걸어 마을로 들어섰다. 길 바로 옆이 황해 여인숙이다. 철제대문 기둥에 전화번호까지 적힌 간판이 붙어 있다. 그 아래 한 할머니가 휠체어에 앉아 있다. 혹시 아씨인가 싶었는데 이웃 할머니였다. 여기 살던 할머니는 요양원으로 갔단다. 그럼 할아버지는 아직 안 왔냐고 했더니 무슨 말인지 모르겠다고 한다.

"할아버지 바다에 나가서 못 오셨잖아요."

이북에 처자식 두고 온 실향민 아니냐고, 할아버지 기다리느라 할머니가 여태 여기 사신 거 아니냐고, 거듭 물었다.

"바다는 무슨 바다. 이 집에서 살다 오래전에 돌아갔지. 실향민도 아니고."

할머니가 두말 못하게 못을 박았다. 우두망찰하고 서 있는데 자동차 한 대가 바짝 다가왔다. 아저씨가 내리더니 거침없이 대문을 열었다. 여인숙을 사서 수리중인 사람이었다. 우리는 담벼락에 푸짐하게 핀 노란 골담초꽃만 바라보다 허망하게 돌아섰다.

어디서부터 상상이 시작되었을까. 시 「바닷가 우체국」을 보고 바닷가 우체국을 찾아 나선 격이다. 명작 소설 한 편 남겼으니 큰 수확했다는 말도 위로가 되지 않는지 지인 걸음이 자꾸만 느려졌다. 배낭 위로 삐죽 나온 달래 모가지마저 시르죽고 있다. 나는 시나 소설과 달리 할머니가 마냥 할아버지를 기다리며 살지 않아 다행이란 생각이 들었다. 가까스로 배 시간에 맞추어 선착장에 도착했다. 바다는 밀물로 바뀌었는지 갯골마다 물이 들어찼다.

오늘 소설집 『황해 여인숙』을 받았다. 표지에 흰 고무신 두 켤레가 댓돌 위에 가지런히 놓여 있었다.

(2021)

철새 가이드

새들의 군무가 보고 싶었다. 이응노의 그림 〈군상〉을 본 뒤부터였다. 수백 명의 사람들이 달리고 뛰어오르고 끌어안고 있는 그림에서 무리지어 하늘을 나는 새떼가 떠올랐다.

십여 년 전 겨울, 가창오리를 보러 해남 고천암호에 갔었다. 새들이 갈대 사이에 무리지어 동동 떠있었다. 해가 서서히 넘어가고 어둑발이 깔렸다. 새들이 잘박잘박 움직이는 소리가 들렸지만 그걸로 끝이었다. 주위가 깜깜해지도록 새들은 날지 않았다. 새는 해뜰참과 석양녘에 날지만 날마다 날지 않는다는 걸 나중에 알았다.

철새 볼 기회가 다시 왔다. 동아리 나들이 일정에 철새 탐조가 있었다. 전문가가 안내도 해준단다. 이번에는 새들의 군무를 볼 수 있겠지 싶어 기대가 컸다. 오후 5시쯤 동아리 회원 지인인 전문가를 만났다. 전문가는 철새 가이드 잘해 줄 테니 걱정 말라고 큰소리를 쳤다. 기사가 내비게이션에 주소를 입력하려 하자 그냥 출발하라고 했다. 바쁜 시간을 냈다는 가이드가 마이크를 잡았다. 자신의 연애 이야기부터 시작했다. 그러면서도 신호등이 나오면 우회전 좌회전을 외쳤다. 연애담이 끝나고 철새가 나오려나 했는데 자신의 농장으로 넘어갔다. 버스 안은 차츰 조용해졌다. 요동치는 차 때문이었다. 기사가 서 있는 가이드를 겨냥하고 일부러 급브레이크를 밟는 듯했다. 기사가 화가 단단히 났다는 걸 모두 아는데 가이드만 몰랐다. 하루 나왔으면 느긋하게 다니지 이렇게 바쁘냐고 기사에게 핀잔까지 주었다.

드디어 차가 간척지 비포장 농로로 들어섰다. 그때였다. 트럭 다니는 길로 안내를 하다니 길을 알기나 하는 거냐, 산업시찰 나왔냐, 기사의 새청맞은 목소리가 귓전을 때렸다. 농장 자랑에 한창 열을 올리던 가이드가 슬그머니 의자에 앉았다. 그래도 끝까지 길 안내는 하리라 마음먹었는지 갈림길이 나올 때마다 우회전 좌회전 지시는 계속되었다. 농로에는 물 고인 웅덩이가 많았다. 철퍼덕 바퀴가 빠질 때마다 나도 몰래 엉덩이가 번쩍 들렸다. 그러면서도 금방 눈앞에 나타날 새떼의 비상이 궁금해 눈은 창밖으로 향했다. 새들은 추수 끝난 논에 옹기종기 모여 있으면서 불청객이 귀찮다는 듯 서너 뼘 풀쩍거리다 주저앉았다. 간척지 A지구, B지구를 돌고 돌았다. 넓고도 넓었다. 서쪽 하늘에 노을은 번지는데 새들은 어디에서도 날지 않았다.

어느 순간 차가 확 뚫린 포장도로를 달렸다. 길 양편으로는 호수인지 바다인지 물만 가득 보였다. 도로 표지판이 '간월암'이었다. 가이드가 다시 마이크를 잡고 인심 쓰듯 이왕 왔는데 간월암까지 보고 가란다. 새는 언제 보냐고 했더니 다 보았단다. 허망할 틈도 없었다. 모든 차들이 경적을 울리면서 우리 차를 향해 달려왔다. 우리 차가 역주행을 하고 있었다. 기사님의 기지로 겨우 차선을 갈아탔다.

어느 농협 앞에서 철새 가이드는 조용히 내렸다.

(2019)

하마 취비강을 건너갔을까

최하림崔夏林(1939-2010) 시인을 나는 신문에서 만났다. 사진 속 시인은 무릎담요를 덮고 아내와 서재에 앉아 있었다. 암 투병 중에 전집 출간을 하고 제자들과 출판기념회를 했다는 기사였다. 시인은 41년을 함께 살아온 아내와 봄이 빨리 와서 꽃 피는 나무 아래 같이 있고 싶다고 했지만 그해 4월 타계하셨다. 기사에서 '신안'이라는 단어가 눈에 들어왔다. 신안군 안좌면 원산리에서 태어났단다. 약력마다 목포 출생이라고 나왔었는데…. 지금은 안좌면이 아닌 팔금면이라고 해야 맞지만 나와 동향인지라 반가웠다.

기사를 다시 꼼꼼히 읽었다. 시에 나오는 '취비강'이 어느 나라에 있는 강이냐는 질문에 "신안에 가면 밀물 때면 바닷물에 잠기고 썰물이 되면 걸어서 섬까지 가는 길이 있다. 그걸 취비강이라고 부른다."고 했다. 우리 섬도 그런 곳이 있다. 납작한 돌로 노둣길을 놓아

썰물 때 건너다녔다. 그 섬에 사는 친구들은 지각을 해도 "물이 차서 늦었어요." 하면 되고, 공부하다가도 "물 들어올 때예요." 하면 무조건 보내줘야 했다.

 시인의 책을 찾아 읽었다. 시인은 초등학교 5학년 때 아버지가 돌아가셨다. 그 뒤 목포로 나와 신문배달을 하면서 학교에 다녔다. 고등학교에 진학했지만 등록금을 못 내 교실 대신 부둣가를 헤매야 했다. 돌아다니다 보면 목선木船들이 줄줄이 늘어서 있었는데 이 배 저 배 타고 다니면서 다양한 경험을 쌓았다. 그 안에서 문학의 물길이 풍부해졌다. 김현·김승옥·김치수와 '산문시대散文時代' 동인을 만들어 활동하다 1964년 조선일보 신춘문예에 「빈약한 올페의 회상」이 당선되었다. 그 무렵부터 본명 호랑이 같은 사내 '호남虎男' 대신, '하림夏林'이라는 필명을 썼다. 산문집에는 고향 소지명이 나오기도 하고 보리밭에 누워 바라보았던 바다 풍경이 그려져 있다.

 그 후 고향에 갔을 때 시인이 태어난 마을에 들렀다. 바닷가 마을이지만 백여 호가 넘는 큰 동네다. 아담한 돌담을 지나 시인의 생가 앞에 섰다. 시인이 우리 집에는 가난과 누추가 깊은 산의 청태처럼 덕지덕지 끼어 있었지만 어머니 품속처럼 아늑했다고 술회한 곳이다. 마당 한쪽에는 한겨울 칼바람 속에서도 마늘 싹이 푸르렀다. 마침 시인과 깨복쟁이 친구였다는 노인을 만났다. 시인의 아버지가 돌아가셨을 때 철없이 들에서 놀다가 어른들의 꾸지람을 들었단다. 시인이 노래「봄처녀」를 가르쳐주었는데 아마 그때부터 시인 기질이 있었던 것 같다고 노인은 웃었다.

섬에서 나와 목포 부둣가에 갔다. 예전에 시인이 학교를 가지 못한 날 돌아다녔다는 곳이다. 생선공장들은 창고극장으로 바뀌고 카페들이 줄지어 들어섰다. 바닷가는 둘레길을 만드느라 부산한데 시인이 살았던 유달산 기슭 마을은 옛모습 그대로 엎디어 있다.

어느 날 고향 친구들 모임에 시인의 시집을 가지고 갔다. 고향 분이라고 하면서 사진을 보여줬더니 한 친구가 시인을 한강둔치에서 향우회할 때 만난 적이 있다고 했다. 고향에 가본 지는 오래지만 혹시 아는 사람이 있으려나 싶어서 왔다고 했단다. 시인과 같은 연배인 친구의 작은아버지를 기억하더란다. 그 자리에서 친구들과 '취비강'과 '노두'가 나오는 시를 같이 읽었다.

> 하늬바람 불고 눈보라 치는 밤 그이는 하마/ 취비강을 건너갔을까 보내는 이들이 밤을/ 설치며 그리는 그 얼굴 그 눈동자가/ 가슴에 불붙어 타오르는데/ 그이는 수많은 노두를 건너서 바람과 눈보라를/ 헤치고 무사히 자유에 발 디뎠을까
>
> — 최하림의 시「설야雪夜」일부

암 진단을 받고도 "칠십까지 살면 됐다."고 하셨다는 시인. 이제

시인은 취비강을 건너 친구 김현도 만나고, 신춘문예가 뭔지 시가 뭔지도 몰랐다는 어머니도 만났으리라.

*제목은 최하림 시인의 시 「설야」에서 따옴.

인호네 가족사진

　그녀와 나는 급식학교 영양사와 조리사로 만났다. 모두들 그녀를 인호 엄마라고 불렀다. 아들 인호가 그 학교를 다니고 있었다. 지금 생각하면 큰언니뻘도 더 되는데 나도 자연스레 그리 부르게 되었다.
　그녀는 급식소 터줏대감이었다. 급식소에는 아궁이 속으로 가스불을 들이미는 가마솥 세 개만 달랑 놓여있었다. 가스가 떨어지면 읍내에서 언제 배달 올지 모르는 가스통을 기다리는 대신 장작을 때서 밥을 지었다. 날마다 당번으로 학부모들이 오기는 했지만 그녀는 요술 부리듯 배식시간에 맞추어 척척 음식들을 해냈다. 학교에서 배운 대로 식단만 짤 줄 알았지 모든 일에 물선 내게는 구세주 같은 분이었다.
　그녀는 도시에서 살다가 그녀말대로 몽땅 엎어먹고 시골로 들어

온 뜨내기였다. 아저씨는 중동 건설현장에 갔는데 월급은 빚 갚는 데 다 들어간다고 했다. 아저씨가 없는 그녀 집에 심심할 때마다 마실 가듯 들렀다. 그녀는 치매를 앓고 있는 시어머니와 살았다. 할머니는 낯선 사람을 보면 소리를 지르고 물건을 집어던졌다. 할머니가 무서워 처음에는 방에 들어가지도 못했는데 그녀가 뭐라고 다독였는지 차츰 할머니가 순해졌다. 그녀는 할머니가 며느리 심심할까 봐 사흘거리로 이불 빨래를 내놓는다고 툴툴거리면서도 집안 살림을 반짝반짝 윤나게 했다.

드디어 말로만 듣던 중동 아저씨가 귀국했다. 허연 얼굴에 '라이방'을 쓰고 나타난 아저씨는 사막에 있다 온 것이 아니라 세상을 유람하고 돌아온 부잣집 막내아들 같았다. 예전에 꽤 살았다는 말이 맞는 듯했다. 아저씨는 언변도 좋았다. 중동 아저씨가 유럽에 있다 온 것처럼 과장된 이야기를 무궁무진하게 해도 정말 같았다.

어느 날 그녀 집에 앳된 아가씨가 나타났다. 군에 간 아들의 애인이었다. 고향도 먼 남쪽이라는데 신랑도 없는 시댁으로 들어온 것이다. 아가씨가 아들을 낳았다는 소식까지 듣고 나는 그곳을 떠났다.

몇 년 뒤 그곳에 갔다. 그녀는 학교를 그만두고 마당 한쪽에 단층 건물을 지어 식당을 차렸다. 모내기를 하려고 써레질을 해 놓은 국도변 논 바로 옆이었다. 아저씨도 다시 중동에 가기는 힘들고 제대한 아들네도 먹고살아야 해서 막국수 뽑는 기계를 들여놓고 옛날에 논에서 미꾸라지 잡아 끓여먹던 추어탕이 생각나 막국수와 추어탕으로 식당을 시작했단다. 그녀는 주방장, 그 사이 둘째아들까지 낳은 며느리는 홀 서빙, 식당 사장님이 된 아저씨는 손주들을 챙기면서 씩씩하게 총감독을 하고 있었다. 그녀가 만들어준 막국수를 먹었다. 맛이 강하지 않고 밍밍하면서 깔끔했다. 그 뒤로 잊을 만하면 가끔씩 들렀다.

　이번에는 오랜만이었다. 수문장처럼 변함없이 서 있는 'ㅇㅇ막국수' 간판이 반가웠다. 주방에서 그녀는 설거지를 하느라 손을 재게 놀리고 있었다. 며느리가 단번에 알아보고 반색을 하면서 그녀를 내 쪽으로 돌려 세웠다. 그녀는 우선 들어가서 요기부터 하라고 등을 떠밀었다. 통실한 젊은이가 막국수와 명태식해, 껍질까지 붙어 있는 기름진 편육으로 상을 차려주었다. 다 먹을 즈음 그녀가 옆에 와서 앉았다. 아저씨 안부를 물었더니 조금 있으면 나타날 거란다. 단체손님이 많아 점심에는 바쁘단다. 마을에 여러 곳 식당이 생겼지만 지역 주민들은 거의 이리 온단다. 그녀의 손맛이 아직 살아있다는 뜻이다.

　서빙을 하는 두 젊은이는 그녀의 손자였다. 도시에서 벌이가 시원치 않아 불러들였단다. 30년 동안 돈도 숱하게 벌었는데 아들 사업 뒤치다꺼리로 다 들어가고 식당하고 집만 겨우 남았단다. 이제 빚도 갚고 손자들 집도 시내에 얻어주었으니 식 못 올리고 사는 손주 놈들 식만 올려주면 얼추 된 것 같다고 했다. 큰놈은 봄에 작은놈은 가을에 날을 잡았단다. 이제 그만 쉬어도 되겠다고 했더니 움직일 수 있는데 앉아 있으면 뭐하냐고 손사래를 쳤다. 아저씨 모습이 창문으로 보였다. 손님이 뜸할 시간이 되면 답답해서 나오신단다. 걸음걸이는 불편하지만 목소리만큼은 예전 무용담을 들려주던 때처럼 카랑카랑해서 반가웠다.

얄팍해진 그녀의 어깨를 안았다. 나는 빈말이라도 나와 가까운 도시에 사는 인호네 집에 오면 연락하라는 말이 안 나오는데 그녀는 자주 오라고 신신당부를 했다. 차를 타고 나오면서 뒤돌아보니까 '착한가격 모범업소'라고 적힌 글씨 아래 그녀의 가족 4대가 서 있었다. 인호네 풍요한 가족사진이었다.

(2016)

네 꿈을 펼쳐라

큰시누이가 누런 삼베옷과 하얀 꽃 한 송이를 건네주었다. 상여에 매달던 종이꽃처럼 풍성한 꽃이었다. 그러고 보니까 삼베옷도 상복 같았다. 큰시누이는 남편과 나를 중매해 준 분이다. 생전에 시어머니처럼 막내인 우리를 많이 챙겨주었는데 오랜만에 꿈에 보였다. 상여 꽃과 상복이라니, 길몽일까 흉몽일까. 꿈자리 때문에 일이 손에 잡히지 않았다. 해몽을 찾아봐도 비슷한 이야기는 없었다. 해몽 유료 전화번호에 눈길이 갔지만 흉몽일까 봐 참았다.

아들은 취업준비생, 일명 '취준생'이다. 남들은 취업이 될 때까지 졸업을 미루기도 한다는데 아들은 바로 졸업을 했다. 아들도 그때는 취업이 이리 험난할 줄 몰랐을 것이다. 나도 청년실업률이 사상 최고라는 뉴스도 남의 말처럼 들렸다. 자기소개서 백 개를 쓰고도 취업을 못했다는 기사를 보아도 설마 했다. 재수하지 않고 대학 갔으니 재수한다 생각하고 준비하면 되겠지 싶었다. 거기다 취업이 조금 더 잘된다는 이과니까 오라는 데가 있을 줄 알았다. 아들이 대학에 갈 때도 나는 정보력이 제로였지만 취업에 대해서는 더 무지했다. 상반기 하반기 딱 두 번만 기회가 있는 줄 모르고 일 년 내내 수시로 신입사원을 뽑는 줄 알았다. 만날 때마다 아들 취직했냐고 물어보는 지인을 볼 때면 나도 예전에 저러지 않았을까 싶었다.

 졸업 후 세 번째 '입사철'이다. 이번에도 자기소개소를 수없이 썼지만 최종면접까지는 딱 두 곳 올라갔다. 한 군데는 지난주에 떨어지고 마지막 하나가 이번 주에 발표다. 월화수가 지나고 오늘 목요일이다. 지난 3일간 아들이 방에서 나올 때마다 무슨 말이 나올까 눈치를 본다. 수차례 불합격 통보를 받아서 이제는 면역이 될 때도 됐는데 아직도 온몸에 힘이 쫙 빠진다. 문자나 메일로 직접 확인하고 결과를 내게 알려주어야 하는 아들의 심정은 어떨까. 아들은 종일 방에 있다가 밤이 되면 카페에 간다고 나간다. 현관에 가지런히 벗어놓은 낡은 운동화를 볼 때마다 남루라는 단어가 떠오른다. 운동화처럼 아들의 어려운 날들이 길어질까 봐 신발장 속으로 얼른 운동화를 집어넣는다.

 집을 나와 은행에 들렀다. 급한 일이 아닌데도 일거리를 만들어 나온 길이다. 평소에는 무심코 보아 넘겼던 은행 청년이 오늘은 달리 보인다. 수많은 경쟁을 뚫고 입사했을 청년에게 대단하다고 칭찬해 주고 싶다. 그러고 보니 목소리도 또렷하고 외모도 나무랄 데 없이 반듯하다. 다시 길거리로 나왔다. 점심을 먹으러 사무실에서 나온 젊은이들이 삼삼오오 걸어 다닌다. 그들의 목에 걸린 사원증이 유난히 돋보인다. 저 목걸이 하나 걸기 위해 얼마나 많은 노력을 했을까. 아들에게는 요즘 서른 되기 전에 취업하기가 하늘의 별따기라는데 느긋하게 마음먹자고 말했지만 어쩔 수 없이 애가 탄다. 남의 자식 취업 소식을 들으면 무슨 밴댕이 소갈머리인지 축하한다는 말이 진심으로 나오지 않는다.

날씨가 쌀쌀했지만 조금 먼 도서관까지 걸었다. 1층 정보실에 젊은이들이 가득 앉아 있다. 핸드폰을 무음으로 하고 2층 자료실로 들어갔다. 거기도 빈자리가 없다. 도서관은 시간 보내기 만만한 곳인데 그것도 쉽지 않아 책만 빌려가지고 나왔다.

김밥을 사가지고 집으로 왔다. 웬일로 아들은 말끔하게 샤워까지 하고 왜 전화를 받지 않느냐고 큰소리다. 전화기를 꺼내보니 부재중 전화가 여러 통 와 있다. 전화를 했다는 뜻은…. 물어보지 않고 아들을 얼싸안았다. 김밥 봉지를 밀쳐놓고 맛있는 거 먹자고 아들을 앞세워 집을 나왔다. 아들은 아침부터 계속 문자를 확인했단다. 11시쯤 문자가 왔는데 바로 볼 수가 없어 손바닥으로 화면을 가렸단다. '합'자가 나올지 '불'자가 나올지 손을 옆으로 미는데 손이 덜덜 떨리더란다. 그동안 고생 많았다고 격려의 말을 하려는데 뜬금없이 다른 말이 튀어나왔다. "단추 채워라. 춥다." 그러자 아들은 환하게 웃으면서 "엄마는 추워요? 저는 하나도 안 추운데." 했다.

이제 사회에 첫발을 뗀 아들아, 네 꿈을 마음껏 펼쳐라.

(2017)

5부

나의 큰형님

아라리오 씨 킴

좋아하는 운세

퍼플나라를 아시나요

떠도는 책

꽃이라 불리지 않아도

이제 자유롭게 사랑하소서

케빈 베이컨 지수

하마터면 친해질 뻔했다

나의 큰형님

나는 팔남매의 막내며느리다. 남편이 태어나던 해에 나의 큰형님은 첫아들을 조산으로 잃었다. 그 뒤 딸을 셋 낳았는데 큰딸이 나와 동갑이다.

내가 결혼했을 때 형님은 조그만 슈퍼를 하고 있었다. 시숙님 사업이 풀리지 않아 생활이 힘들었고 건강도 안 좋았다. 형제들은 남편이 모질지 못하면 여자라도 당차게 틀어쥐고 뒷바라지를 해야 하는데 같이 여리다고 쑥덕거렸다. 결혼할 때는 양반집 처자라고 형님을 모두 좋아했단다. 형님은 몸가짐도 단정하고 손끝도 야무졌다. 벌이가 시원찮은 시숙님을 극진히 모시고 작은 흉도 본 적이 없었다.

음전한 형님이 딱 한번 큰소리를 낸 적이 있었다. 시어머니 제삿날이었다. 시숙님은 제사 참례를 못하였는데 아버님이 축문에 둘째

시숙님 이름을 쓴 것이다. 형님은 살아있는 장남을 놔두고 왜 축문을 둘째아들 이름으로 하느냐고 따졌다. 둘째시숙님이 사실상 맏아들 노릇을 하고 있는 형편이었다. 아버님은 아들도 없는 장남이 무슨 소용이냐고 평소와 달리 내가 모르는 옛일까지 들추어냈다. 형님도 그동안 아들 없다고 은연중에 받은 설움이 한꺼번에 복받쳤는지 울면서 대거리를 했다. 형제 많은 집에 이런 일도 있기 마련이지 싶어 가만히 있는데, 형님이 울음 끝에 막내동서 앞에서까지 꼭 이래야 되겠느냐고 했다. 다른 식구들에게는 다 보여 왔던 일인데 새 식구인 내게만은 보여주고 싶지 않은 형님 자존심이었을까.

아버님은 아들 둘 낳은 집은 큰집에 양자로 주어야 한다고 하셨단다. 분란을 일으키지 않으려고 그랬는지 집집마다 아들이 가까스로 하나씩만 태어났다. 내가 첫아들을 낳고 둘째를 낳을 무렵부터 다시 그 이야기가 농담처럼 오갔다. 요즘 세상에 무슨 양자인가 싶으면서도 조금 걱정이 되었다. 설마 또 아들을 낳을까 싶었는데 나는 둘째도 아들을 낳고 말았다. 하지만 그때쯤에는 아버님도 많이 수그러들었고 특히나 형님은 양자 둘 마음이 아예 없었으니 조용히 넘어갔다.

시숙님이 돌아가신 뒤로 형님은 혼자 곤곤하게 살았다. 한번씩 뵐 때마다 "자네는 꼭 내 메느리 같네. 서방님도 내가 기저귀 갈면서 키웠응께 아들 폭이제." 하였다. 그 말을 들으면 좋기도 했지만 부담스럽기도 했다.

집안 혼사가 있어 시누이와 함께 우리 집에 왔을 때다. 이불 이야기를 하다가 결혼할 때 해 왔던 목화솜 이불을 장롱에서 꺼냈다. 솜을 보니까 뭉개지지 않고 새 솜처럼 좋았다. 켜켜이 되어 있는 솜을 떠내서 두 개로 나누었다. 형님은 지금 이런 솜 구하기도 힘들고 이불은 목화솜이 최고라고 탐을 냈다. "이불 하나 만들어서 보내드릴게요." 하고 솜뭉치를 다시 싸서 장롱 속에 넣어놓고 잊어버렸다. 형님은 이불을 기다리다 지쳤는지 전화를 해서 솜을 어떻게 했느냐고 조심히 물었다. 아차 싶었다. 부랴부랴 꽃무늬 이불을 만들어 어버이날 무렵에 보내드렸다. 아들 없어도 괜찮다던 형님은 "메느리한테 이불 받았다고 자랑하는 사람들 보면 부러웠는디 이제 부러울 것이 없네." 했다.

형님은 내 글의 독자였다. 책을 보내드리면 재미있게 잘 읽었다고 다음에도 꼭 보내주라고 했다. 사람들에게 동서 책이라고 자랑도 한단다. 형님이 글쓰기를 배웠다면 시인이 되지 않았을까. 시숙님이 돌아가셨을 때 형님이 직접 묘비명을 썼는데 한 편의 시였다. 그때 다른 형제들도 형님의 자질에 놀랐는지 돈 잘 버는 남편 만났으면 살림 잘하고 아기자기 잘살았을 거라고 했다. 형님의 다른 숨은 끼를 본 것은 가족끼리 노래방을 갔을 때였다. 형님 앞으로 마이크가 갔을 때 사양할 줄 알았는데 바로 일어나 무대로 나갔다. 어깨춤까지 덩실덩실 추면서 새타령을 멋들어지게 불렀다. 저런 흥을 어디다 감추고 살았을까 싶었다.

형님은 외출했다 몸이 이상해서 다니던 병원으로 갔다. 연락을 받고 방학이어서 집에 있던 손자들까지 다 달려왔다. 형님은 간단한 검사를 하는 중에 숨을 놓으셨다. 몇 시간 만에 허망하게 가신 것이다.

형님 영정사진은 인물은 선명한데 배경이 흐릿했다. 머리카락 몇 올이 바람에 날려 볼을 스치고 있었다. 순간 포착한 수준이 예사롭지 않다 싶었는데 사진작가인 조카가 여행 중에 찍은 거란다. 경황이 없기도 했지만 형님 방에 걸려 있던 사진을 그대로 가져와 영정으로 모셨단다.

향년 79세. 아쉬운 연세지만 고종명 복은 있으신 걸까? 딸 셋에 손주가 여덟이다. 끼릿끼릿한 손자가 다섯이나 된다. 평생 아들에 한이 맺혔을 우리 큰형님. 마지막 가시는 길은 누구 못지않게 걸었다.

(2016)

아라리오 씨 킴

　제주에 갔다. 숙소 가까운 곳에 뜻밖에 아라리오 갤러리가 있었다. 몇 년 전에 '공간 사옥'을 경매 받아 화제가 되었던 그 아라리오였다. 천안 아라리오는 익히 들어 알고 있었지만 제주에도 있는 줄은 몰랐다.
　산책하듯 나섰는데 어디에도 갤러리가 있을 것 같지 않게 거리가 한산했다. 방파제에 부딪치는 파도 소리만 청량하게 들렸다. 눈 시린 바다만 보고 있어도 괜찮겠다 싶을 때쯤 후미진 골목에 빨간 건물이 나타났는데 갤러리였다. 허름한 입구가 실망스러웠다. 갤러리는 화려하다는 선입견은 어디서 생긴 걸까. 자전거 가게, 영화관, 여관이 동문모텔 Ⅰ, 동문모텔 Ⅱ, 바이크샵, 탑동시네마 갤러리로 변신했다. 예술은 여러 사람의 등대가 되어야 하니까 빨간색이 어울린다는 아라리오 김창일 대표. 그의 지론대로 제주시 탑동에 빨간색 아라리오 뮤지엄 네 곳이 탄생했다.

　동문모텔 I은 오래된 여관 그대로다. 모텔이라는 이름부터 상식을 깨뜨린다. 전시 작품도 낯설다. 허물어진 벽도, 욕조와 세면대도 작품인 듯 아닌 듯 그대로 두었다. 얼룩진 침대 매트리스가 작품이 되고, 남의 물건에 손대지 말자는 경고문이 중요한 메시지인 양 붙어있다. 온갖 폐품을 실은 커다란 배가 떡하니 방 하나를 차지한다. 어떤 작품은 바짝 눈 붙이고 보다 섬뜩함에 뒷걸음치게 만든다. 현대미술 컬렉터라더니 생경한 작품이 많다. 여태껏 내가 보아 왔던 미술관은 깔끔하고 우아했다. 투명인간처럼 움직이는 직원은 조금만 작품 가까이 가도, 핸드폰을 살짝 들기만 해도 스르르 옆으로 다가왔다. 한데 동문모텔은 눈치 볼 사람이 없다. 권위적이고 딱딱한 미술관이 싫다는 김창일 대표의 바람대로 자유롭다. 버림받은 건물이 예술을 통해서 어떻게 탄생하는가를 보여준 그의 커다란 작품을 보고 나오니까 서정수필만 읽다 기상천외한 실험수필집 한 권을 읽은 듯하다.

　그는 고희가 넘었지만 청년 같다. 편안한 옷차림 때문일까, 아니면 지치지 않은 열정 때문일까. 악동 이미지도 보인다. 그는 어려서 열등감과 악몽에 시달렸다. 친구도 없었다. 잠자리나 나비, 자연과 이야기하는 시간이 더 좋았다. 스물일곱에 천안버스터미널 매점을 시작했다. 적자였던 가게였는데 일 년 만에 억대 수입을 올렸다. 저녁이면 책상에 현금이 수북이 쌓였다. 사업차 미국에 갔다가 LA의 모카(MOCA)와 뉴욕의 디아비콘(Dia Beacon)을 방문했다. 어린 시절 무지개를 보고 전율을 느낀 적이 있는데 미술관에서 인생의 두 번째 무지개를 보았다. 무지개를 보고 황홀경에 빠졌을 때처럼 예술이 마음속으로 들어오면서 "그게 네 미래다."라고 이야기해 주는 것 같았다. 미술관을 짓겠다고 마음먹은 건 그때였다. 그는 예술을 모르고 부를 누렸다면 나쁜 길로 빠졌을지도 모른다고 생각한다. 해서 예술은 그에게 호사가 아니라 그를 살린 생명과 같다.

미술관 전시를 위해 현대미술 위주로 수집을 시작했다. 그는 투자 목적이 아닌 전시하기 위한 작품을 구입한다. 미술관 전체를 구상하면서 작품을 어떤 방식으로 어디에 둘까 고민한다. 에너지가 없으면 올바른 선택이 어렵다는 걸 아는 그는 에너지가 밖으로 나가는 일을 삼간다. 이렇게 40여 년간 구입한 작품이 무려 3,700여 점이나 된다. 작품 구입을 넘어 2005년부터 국내 최초로 전속작가제를 도입하여 국내외 작가들도 지원하고 있다.

그의 꿈은 미술관 운영이다. 미술관을 보고 자신의 인생이 바뀌었듯 미술관에 들어온 수많은 사람 중에 한 명이라도 인생의 전환점이 되었으면 하는 바람이다. 그는 천안, 서울, 제주와 중국 상하이까지 계속 무지개를 그려나가고 있다. 비싼 임대료 때문에 철수했던 뉴욕에 재진출할 꿈도 꾼다. 자기 취향대로 사업하는 또라이라고 수없이 손가락질도 받았고 예술도 모르는 지방 졸부라고 업신여김도 당했다. 세월이 지나고 보니까 또라이 기질 덕분에 여기까지 오지 않았을까 생각한단다.

천안 아라리오를 보기 위해 천안행 버스를 탔다. 광장으로 나오자 크고 작은 예술품이 나를 반긴다. 백화점, 갤러리, 종합터미널이 어우러진 아라리오 조각공원이다. 순백색의 거대한 조각, 놋그릇과 주방도구로 만든 구름 형상, 곰 인형을 안고 있는 소녀, 차량 폐자재를 고층아파트처럼 쌓아 올린 작품, 하얀 라벨을 달고 있는 빨간 가방. 이 빨간 가방의 작가는 씨 킴(CI KIM)이다. 아라리오 갤러리 대표이자 사업가인 김창일의 예명이다. 그는 오십이 넘어 작품 활동을 시작해 꾸준히 개인전을 열고 있다.

갤러리 입구에 신체 장기가 다 보이는 작품이 있다. 영국 현대미술 대표작가인 데미안 허스트의 「찬가 Hymn」다. 광장에 있는 소녀 「체리티 Charity」도 같은 작가 작품이다. 한 공간에 데미안 허스트의 작품 두 점이 있는 천안을 세계 미술계는 부러워한다. 도시계획으로 거리가 없어지지 않는 한 영구히 버림받지 않을 아라리오 씨 킴의 거리 갤러리다.

(2021)

좋아하는 운세

신문에서 오늘의 운세를 본다. 띠별로 출생 연도에 한마디씩 풀어 놓은 말이 재미있다. 신문을 대충 훑어보고 아들이 오는 날이어서 청소며 빨래를 몰아서 한다. 주중에는 느긋하게 살다가 주말만 되면 열심히 살림하는 주부가 된다.

세탁소에 들렀다. 서너 해 보아왔건만 아주머니는 처음 본 듯 늘 데면데면하다. 하긴 살갑게 대하는 것보다 편할 때도 있다. 아주머니가 옷을 내주면서 웬일로 말을 건넨다. "화장 안 해도 얼굴이 깨끗하셔요." 집 나서려면 군빗질에 립스틱 정도는 바르는데 민낯으로 보였나. 그래도 아주머니 말이 싫지 않아 말대접을 한다. "사장님은 더 고우셔요." 아주머니는 고개를 살짝 흔들면서 "아휴, 저는 젊잖아요." 하는 게 아닌가. 그럼 나는 늙었다고? 기껏 해봐야 대여섯 살 아래 같은데…. 자칭 젊은 사장의 인사를 받는 둥 마는 둥 문을 밀고 나왔다. 건너편 상가 '세탁수거배달' 간판이 이제 단골을 바꿀 때라는 듯 크게 보였다. 오늘의 운세가 뭐였더라. '과분한 칭찬을 경계하라.'였나.

  횡성한우 정육점에 갔다. 소를 잡은 날인가 보다. 아저씨는 갈고리에 매달아 놓은 육괴를 손질하고 있다. 예전에는 소 한 마리가 들어오면 꼬리, 사골, 내장이 다 나갔는데 요즘은 살코기만 팔린다고 한다. 나는 고기요리만 반찬인 줄 아는 아들이 올 때만 정육점에 간다. 하지만 가게가 아파트 1층에 있어 날마다 지나다닐 수밖에 없다. 아저씨는 담배 피우다가도, 전화하다가도 나만 보면 인사를 한다. 마트에서 고기를 사올 때면 아저씨가 볼까 봐 잰걸음을 친다. 안 보는 척하지만 아저씨는 매의 눈으로 시장바구니를 훑어본다. 오늘은 대패삼겹살을 사려고 들렀다. 아저씨는 텔레비전에 나온 요리를 하느냐고 물었다. 항상 한우 투 플러스만 먹는 젊은 사모님들이 이걸 사갔단다. 투 플러스는 연중행사로나 사는 내게 들으라는 말 같다. 요리할 줄 모르는 사모님은 생고기만 구워먹으면 쉽다. 요리 좀 하는 나는 돼지고기만으로도 열맷 가지 요리를 할 수 있다. 아저씨는 큰 인심 쓰듯 고기소스를 봉지에 넣는다. 들큰한 시판용 소스는 하수나 쓰지 어찌 요리 고수가 쓴다고. 소스를 물리치고 나는 대패삼겹살만 들고 나왔다. 대형마트 옆에 있어 잘될까 걱정했던 푸줏간이 유지되는 이유가 젊은 사모님들의 투 플러스 사랑인가 보다. 오늘의 운세는 뭐였지.

　얼마 전 개업한 옷가게 앞이다. 주인 혼자 있으면 들어가기가 쉽지 않다. 문밖에 있는 미끼 상품만 들춰 보기도 하고, 손님이 있을 때 들어가서 대충 눈요기만 하고 나온다. 내 취향인 옷이 많았지만 얼핏 본 가격이 만만치 않았다. 오늘은 손님이 욱적북적이고 있어 이때다 싶어 들어갔다. 내가 들어간 순간이 손님이 나가려던 때였는지 순식간에 빠져나가고 혼자 남았다. 맨드리가 고운 사장님이 엉거주춤 서 있는 내게 다가왔다. 옷가슴에 있는 브로치를 위쪽으로 옮겨주면서 나를 거울 앞으로 돌려세웠다. 살짝만 바꾸어도 훨씬 '영'해 보인단다. 주인은 오래 보아 온 사람처럼 곰살가웠다. 손님이 많다고 했더니 오픈 두 달만에 자리를 확실히 잡았다면서 이어지는 말이 청산유수다.

　원래 전공은 무용인데 액세서리 강의도 했어. 자기 지나다니는 거 자주 봤는데 얌전하더라. 들어와서 구경해. 내가 동생 같으니까 옷 코디해 줄게. 백화점은 못 가더라도 홈쇼핑 옷은 절대 사지 마. 얌전한 얼굴 다 버려. 저쪽 주상복합에 사는 사모님들은 부자인가 봐. 아까 봤지 사모님들. 옷 들어오는 날 연락하면 와서 싹 쓸어 간다니까. 언니는 이거 한번 입어 봐. 우리 애들 다 어울리지만 애가 딱이야. 오늘 많이 팔아서 그냥 가져온 가격에 줄게. 말도 안 되는 가격이야. 나는 옷가게만 하면 왜 이리 잘되나 몰라. 하도 심심해서 오픈했더니 또 이 난리네.

주인 여자는 얼굴 주름에 비해 목소리가 카랑카랑했다. 내 호칭은 사모님이 아니고 동생과 언니, 자기로 왔다갔다했다. 오늘의 운세는 '빠른 선택이 결코 좋은 것은 아니다.'였지만 사장님 눈에 얌전하게 보였다니 어울린다는 카디건을 빠르게 샀다.

주말이 지나자 날씨가 따뜻해졌다. 옷가게 앞을 지나는데 눈에 익은 옷이 문밖에 나와 있다. 반토막 난 값이다. 벽에 붙은 "현금 교환 환불 X" 종이가 나를 비웃는 듯 바라보고 있다. 날씨 탓만은 아닌 열기가 순식간에 온몸으로 퍼졌다. 오늘의 운세를 곰곰이 생각해본다. '울고 싶어도 웃어야 할 때가 있다.'

오늘의 운세, 재미로 떠올려보면서 웃음 짓기도 하고 털어내기도 한다. 내가 좋아하는 운세는 '무료한 나날이 이어질 듯'이다. 어려운 일이지만 아무 일 없는 무료한 날들의 연속이야말로 크나큰 축복이 아닐까.

(2019)

퍼플나라를 아시나요

친정이 퍼플교 뽀짝 젖태 있다 본께 까끔씩 간다. 오늘도 오라부덕한테 온 짐에 질을 나섰는디 날이 쪼깐 꾸무룩하다. 신안은 섬이 쌔고 쌔부럿다. 짤잘한 섬까지 모태면 천니 개나 되분다. 그랑께 신안을 '천사섬'이라고 한다. 퍼플교는 안좌도安佐島에 있다. 안좌 끄터리에 있응께 천사대교에서도 징하게 멀다. 퍼플교라고 한께 핵교랑가 요상한 종교랑가 그리고 생각하는 사람들도 있을 것이다.

퍼플교는 박지도朴只島 한 할매 땀시 생겠다. 팽생 섬에서 산 할매는 걸어서 뭍에 가는 게 꿈이었다. 이 야그를 귀담아들은 우게 냥반이 낭구로 다리를 맹글어줬다. 할매는 원풀이를 해부렀다. 첨에는 천사다리라고 했는디 그러껜가 우리나라에서 니째로 질다는 다리가 신안에 생겼다. 덕분에 댓 개 섬이 육지가 되었다. 섬사람들은 바람 쪼깐만 불면 뱃질에 오도가도 못해부렀는디 인자는 차로

핑핑 댕긴다. 천지개백이 이런 것이제 무시까 싶었다. 그란디 그 다리를 으짜다 천사대교라고 해븐 통에 맨맛읍씨 천사다리는 이름을 빼꺼부럿다. 폴쌔 찌끌어진 물인디 꼬라부쳐 봤자 으짜것는가. 앗쌀하게 천사를 쩌짝으로 줘불고 이름을 퍼플교로 바꽈부럿다.

안좌는 수화 김환기 고향이다. 쩌그 보이는 방죽에다 환기미술관을 지슨단다. 모냐참에도 맻 번 야그가 있었는디 비끄러졌다. 지서 질라면 당당 멀고 우게서 비민히 하것제만 이참에는 꼭 잘 되면 좋것다. 그래가꼬 퍼플교 감시롱 시상에서 첨이라는 수상미술관도 같이 보면 을매나 좋까 싶다. 수화 고택인 지와집도 디다볼락 했는디 쏘내기가 퍼부서서 기양 지나가야 쓰것다. 퍼플교가 가차와진지 보라색 마실이 보인다.

개맹한 뒤로는 첨인디 와따메, 이쁘다. 짜잔하던 낭구다리가 보라 옷으로 싹 갈아입어분께 영판 달라분다. 오기 전에는 으째 냉택없이 퍼플이당가 했다. 그란디 온반디 보라 시상이다본께 볼 만하다. 섬에 돌갖이 밸라도 많애 보라색을 생각해 냇닥한다. 그때부터 라벤더, 접시꽃, 수국, 루드베키아, 아스타 국화를 몽씬 숭거부럿다. 밭에다는 비트도 숭구고 덮은 비닐까지 보라색이다. 마실 지붕, 담빼락, 쓰레기통, 자전거까장 보라다. 식당은 국끄럭보텀 깍쟁이 보새기는 고사하고 밥태기까장 보란께 말 다했다. 우스갯말로 할매들 고쟁이도 보라색이라등만.

퍼플교는 본섬인 안좌도와 째깐한 박지도와 반월도, 요렇게 시반디가 연결되어 있다. 한 바쿠 돌라먼 솔찬히 걸린다. 올 적마다 뽀딱허게 댕개갔는디 오늘은 싸묵싸묵 돌아볼란다. 개비했다고 그란지 입장료를 받아분다. 대신 옷이나 가방, 목두리에 보라색만 있으먼 공짜다. 커플 옷, 우산, 자전거도 빌려준다. 나는 보라조끼를 입었응께 기냥 통과다. 들물인지 갠물이 까득 찼다. 다리 중간참 의자에 앙근께 물 우에 앙거분 택이다. 한들금 쏘내기가 쏘다져서 그란지 원해이 션허다. 아짐씨들이 우허니 와서 사진을 찍는다. 같이 빌렸는지 보라색 우산이 둥둥 떠댕긴다. 물 나가면 쩌그까장 뻘밭인디 기가 드글드글할 것이다. 시한에는 깨깟헌 데만 생기는 감태가 뻘 우로 퍼렇게 자라고, 묵으면 살로 가는 뻘낙짜도 쎗다. 쩌짝 식당에서는 여그서 판 낙짜만 폰다. 자빠진 쇠앙치도 인나게 해분다는 낙짠께 한번 잡솨봐.

박지도와 반월도 사이로 물 빠지먼 노두가 나온다. 이 노둣길을 중노두락 한디 가심 애린 야그가 있다. 두 섬 암자에 남자시님, 여자시님이 살았다. 염불소리만 듣고 서로 좋아했는디 물 땜시 만나도 못허고 가심애피만 했다. 그라다가 가상사리부터 뻘 우로 독댕이를 **뽈깡 뽈깡** 들어다 놓기 시작했다. 세월이 흘러 기연치 질이 붙어 중간에서 둘이 만났다. 둘은 폴새 늙어서 쭈그랭이가 됐제만 손부닥을 맞잡고 든물에도 나오지 않고 물속으로 사라져부럿다. 산

꼭대기에 900년 된 시암이 있는디 거그 시님이 살았던 암자 터가 있다.

　반월도에는 올에 둘레길이 맹글어졌다. 길빠닥도 온통 보라색이다. 걸어불라다 뻬쳐서 섬을 도는 전동차를 탔다. 군에서 맹근 찬디 마실 한아씨기 몬다. 마이크를 남방에 달고 자분자분 야그를 해준다. 문 닫아분 핵교를 지나자 메숲져 어둑한 당숲이다. 이쁜 숲으로 상까정 받았응께 낭중에 오면 역불로 가보란다. 오뉴월에도 시언하단다. 항께 온 오라부지가 젖태 산다고 한께 이무러운지 팬하게 말을 한다. 한아씨는 앵간하면 운전을 안 할락 했는디 차 몰 줄 안다고 맨맞허니 맡았단다.

　"애린사람들이 읎응께 질로 옹삭하지라우. 집집마다 늘그이들만 있는디 먼 일을 하것소. 근디 천사대교 뚤린께 관광버스들이 한나씩 들어와가꼬 난리였소. 그때만 갔음사 금방 심 타것습디다. 코로나로 숭한 시상이 와가꼬 다시 심파해부렀제라우."

　차부로 나왔다. 고샅으로 찌다락한 버스가 담박질해 댕게서 겁난닥하던디 오늘은 팽일인께 그란지 한갓지다. 할매 둘이서 놈사밭에서 따왔는지 외폿을 폴고 있다. 팽생 첨 해본 장사보다 사람 귀경이 더 재미진지 오가는 사람들만 쳐다본다. 색깔 칠해가꼬 성공했다고 외국 여러 반디 소개된 퍼플섬이다. 유명해진 만치 애러운 일도 겁나게 많을 것이다. 그라드라도 퍼플섬이 무장무장 좋아져서

폭폭하던 섬사람들 생활이 좋아졌으믄, 보라보라한 퍼플나라 사람들도 기경 온 사람들도 웃음 짓는 곳이 됐으믄 좋겠다.

(2021)

떠도는 책

우체국에 갔다. 마감시간이 가까워서인지 사람이 많았다. 바닥에 책을 쌓아놓고 정리하는 젊은 남녀가 눈에 띄었다. 그들 옆에 가서 앉았다.

여자는 책 서너 권씩을 포장하고 있다. 곁눈질로 제목들을 훑어본다. 처세술, 쉽게 읽는 고전, 대화기법, 국내외소설, 독서 취향이 다양하다. 남자는 삐딱하게 서서 여자에게 깨지는 것도 아닌데 대충하라고 한마디한다. 후텁지근한 실내 공기와 힐끔거리는 시선들로부터 벗어나고 싶은 표정이 역력하다. 남자의 채근에도 아랑곳하지 않고 여자는 창으로 들어오는 햇빛을 온몸으로 받으면서 귀중품을 다루듯 정성을 쏟고 있다.

낡은 핸드백 지퍼 사이로 주소 적은 종이가 보인다. 여자의 고향 주소이리라. 남녀는 남매 같지도 신혼부부 같지도 않다. 남자와 결혼해야 하는데 남자가 책을 싫어하는 걸까? 작은 집으로 이사를 가는 걸까? 책과 이별하고 있는 여자의 내력이 궁금하다.

오래전 나도 그랬다. 대책 없이 직장을 그만두고 자취방을 정리하였다. 책을 버리지 못하고 신주단지처럼 포장하여 고향집으로 보냈다. 창고에 처박혀 있던 책 박스들. 내 분신 같은 책들이 생각날 때면, 언제쯤 책장에 꽂아놓고 바라볼 수 있으려나 아득했다.

긴 시간 쪼그려 앉아 있던 여자가 일어났다. 종아리 핏줄이 우둘투둘하다. 여자는 책과 추억 삼매에 빠져있었는지 산만한 분위기에 전혀 동요가 없는 정밀한 얼굴이다. 박스 두 개에 책이 가득 찼다. 책이 움직이지 않게 에어캡으로 빈 공간까지 채운다. 여자는 아프리카 정글쯤으로 보내는 소포인 양 박스 겉면을 테이프로 돌려 묶는다.

여자가 하루빨리 그 책들과 다시 만날 수 있기를….

(2016)

꽃이라 불리지 않아도

익선동에서 모임이 끝나고 카페에 갔다. 계산대 옆에 책이 대여섯 권 쌓여있었다. 책등만 보였는데 그녀 이름이 눈에 띄었다. 그녀의 두 번째 시집이었다. 표지를 열자 내가 올 줄 알았다는 듯 그녀가 빙긋 웃었다. 같이 간 문우에게 책을 건넸다. 문우는 책을 훑어보다 원래 있던 자리에 갖다 놓았다. 나는 카페를 나오면서 시집을 가져올까 망설이다 그냥 나오고 말았다. 집에 오는 내내 그녀를 두고 온 듯 마음이 아렸다.

서른 중반에 처음 그녀를 만났다. 아이들이 어려 외출도 못하고 책 읽을 시간도 없을 때였다. 그녀가 일하는 이동도서관 버스가 매주 우리 아파트로 왔다. 그림책을 빌리러 드나들다 친해졌다. 나중에 문학회에 들어가서 보니까 그녀는 수필반 선배님이었다. 그녀가 늦깎이 대학생이 되고 시 공부를 하면서부터 만남이 뜸해졌다.

머리카락이 희끗희끗해지던 쉰 살 무렵 다시 그녀를 만났다. 그녀는 그동안 직장에 다니면서 병환 중인 시어머니를 모시고 와서 같이 살고 있었다. 시어머니가 돌아가시고 그녀가 직장을 쉴 때였나. 동화 쓰는 문우와 셋이서 영화관에 다녔는데 그녀가 대장이었다. 그녀가 선택한 조조영화를 무조건 보았다. 내가 고른다면 절대 보지 않을 영화도 보게 되는 계기가 되었다. 시간되는 대로 영화 보고 밥 먹고 차 마시고 했다. 셋이 다 오랜만에 누리는 호사였다. 그녀가 남편과 슈퍼마켓을 시작하면서 영화의 시간은 아쉽게 막을 내렸다.

슈퍼는 중학교 앞에 있었다. 가끔 가보면 학생들이 정신없이 왁작거리다 쑥 빠져나갔다. 그녀는 금전등록기 위에 공책을 펴놓고 한문 공부를 하더니 한자 1급 자격증까지 땄다. 덕분에 문학회 단골 교정 작가로 등극했다. 틈틈이 책 읽고, 시도 쓰고, 독후감이나 영화평도 써서 게으른 나를 부끄럽게 했다. 간혹 밥 먹자고 해서 나가면 꼭 밥을 샀다. 시민 아이디어 논문이 당선되었다고, 영화 소감문이 채택되었다고, 시 공모전에서 상을 받았다고 그때그때 밥 사는 이유도 많았다.

사방이 초록으로 물들던 봄날, 그녀 발병 소식을 들었다. 아플 나이가 따로 있는 건 아니지만 아직 젊다고 생각했기에 믿기지 않았다. 딸 혼사도 앞두고 있었다. '서로 눈 마주치지 말자고/ 기쁜 날은 기쁜 것만 생각하자고 다짐했다'는 딸 결혼식 날. 짧은 가발이 뜻밖에 잘 어울렸다. 새로운 발견이라고 우리는 농말을 건네면서 축하해주었다.

  그녀는 딸을 시집보내고 요양병원으로 갔다. 마석역에서 한 시간이나 더 가야 한다는 서리산 아래 자연치유센터였다. 고향 친구들이 와서 자고 갔다고 놀러 오라고 했다. 천릿길도 마다하지 않고 왔다는 고향 친구만큼 그녀의 마음을 읽을 줄 몰랐던 걸까. 나는 한 번도 가지 않았다. "처음 모래톱처럼 쌓이던 문안이 뜸해지고 몇몇 사람 그것도 간혹 관심을 보낸다." 했던가. 나도 그녀가 병원 가려고 나오면 가끔 만나 밥 먹는 것이 다였다. 식이요법을 하면서도 늘 우리가 먹고 싶은 걸 같이 먹었다. 남 배려하는 게 몸에 배어있던 그녀. 겸손까지 더해 자신은 부족한데 문우들 덕택에 여기까지 왔다고 늘 말하던 그녀. 그럴 때마다 우리는 "그놈의 겸손만 빼면 좋을 텐데…." 하면서 툴툴거렸다.

  작년 봄, 중앙공원에서 오랜만에 만났다. 그늘에 돗자리를 펴고 앉았다. 외손녀가 벌써 다섯 살이 되었고, 아들이 집 장만했는데 조금 보태줄 수 있어서 좋았단다. 태어나던 날도 함께하지 못하고 언제나 병원에서 만난 외손녀에게 아픈 모습만 보여 미안하다고 했다. 그러고 보니 그녀가 투병한 지 다섯 해가 되었다. 그동안 생사를 넘나든 시간이 소롯이 시로 태어났으리라. 스승님 말씀이 "이제 무슨 말을 내놓아도 시가 된다."고 했다는데 어떤 뜻인지 알 것 같다. 수필집을 낼 예정이라는 그녀의 열정에 박수를 보내고 헤어졌다.

그 날 만남이 마지막이었다. 그 뒤로 코로나가 심해져 서로 조심하느라 만나지 못했다. 가끔 서리산에 단풍이 든다고, 딸과 함께 김장했다고, 수필집 원고를 출판사에 넘겼다는 소식만 문자로 주고받았다. 초겨울, 휴직한 딸과 같이 있다고 했다. 수필집이 봄에 나올 예정이었는데 출판사에서 급하게 만들어주었다. 모든 연락을 끊었다는 그녀에게 책을 읽고 문자를 보냈다. 그녀는 답으로 예전에 우리가 만났던 어느 저녁의 일기를 보내왔다. 우리들의 푸르른 날이 거기 있었다. 며칠 뒤, 그녀는 떠났다. 먼저 저승에 갈까 봐 아버지가 돌아가시기를 바랐다는 그녀. 아버지를 만나러 떠났다.

일요일 오후 익선동 카페에 다시 갔다. 계산대 옆에 여전히 가져가도 된다는 메모지 아래 책 몇 권이 누워있었다. '지당芝堂', 그녀의 시집은 없었다. 그녀의 시집을 안고 갔을 누군가가 고마웠다. 골목을 걸어 나오는데 "꽃이라 불리지 않아도/ 이만하면 됐다"던 그녀의 목소리가 들리는 듯했다.

(2022)

* 제목은 구정혜의 시 「모과꽃」에서 따옴.
* 인용구는 구정혜의 시집 『말하지 않아도』에서 인용.

이제 자유롭게 사랑하소서

 신문을 보다 '마광수, 하늘나라 장미여관으로'라는 기사에 깜짝 놀랐다. 스스로 목숨을 끊었다니 더욱 안타까웠다. 한때 좋아했었는데…. 박완서, 이윤기, 최인호, 몇 년 사이 좋아하는 작가들이 많이 떠났다. 죽음에 적당한 때가 있으랴만 마광수 교수는 아직 때가 이른 듯싶다.
 책장을 훑어보았다. 에세이집 『나는 야한 여자가 좋다』가 있다. 표지는 작가가 직접 그린 알록달록한 손톱 그림이다. 책을 펴자 깨알 같은 글자들이 꼬물거린다. 삼십여 년 전 읽은 책인데 그때는 결혼해서 이미 알 것 다 안 뒤여서 그랬을까. 제목만큼 내용은 그리 야하지 않았던 거 같다. 「오감도」나 「진달래꽃」, 「봄은 고양이로다」 등의 시를 성과 연관시켜 해석해 놓았던 기억이 난다.
 마광수 교수를 좋아했던 이유는 다른 데 있었다. 나는 예나 지금이나 생김새가 너부데데하다. 연애를 한다면 나와 반대인 삐쩍 마르고 날카로운 남자와 해야지 생각했다. 그런 남자는 지적 소양도 높을 것 같았다. '샤프한 남자'가 이상형이라고 떠벌리고 다녔다. 샤프라는 말을 얼마나 입에 달고 살았는지 그때 유치원 다니던 조카는 나 때문에 샤프가 사람 이름인 줄 알았단다.

몇몇의 남자들을 만났지만 길게 이어지지 않았다. 젊은 남자들도 동글납작한 여자는 좋아하지 않은 듯했다. 현실에서 만나지 못한 남자를 소설에서 찾으려 들었다. 소설 속 남자들을 만나면서 눈만 높아갔다. 좀처럼 현실과 이상의 간극을 극복하지 못하고 세월만 보내다 남자에게 손목 한번 잡혀보지 못하고 노처녀 문턱에서 간신히 결혼했다. 이상형처럼 샤프하지는 않았지만 건실한 남자였다.

결혼하자마자 내가 그렇게 찾던 샤프의 대명사 같은 남자가 나타났다. 바로 야한 여자가 좋다고 외친 마광수 교수였다. 결혼은 물릴 수 없고 한풀이하듯 그의 책을 읽고 손톱에 빨강 파랑 매니큐어를 발랐다.

시나브로 잊혀갈 무렵 마광수 교수를 만났다. 십여 년 전 우리 문학회에서 매달 작가들을 초청하는 프로그램이 있었는데 초대작가로 왔다. 주로 글공부 하는 주부들이 오는데 그날은 문학에 관심이 없는 사람들까지 많이 와서 강의실이 꽉 찼다. 내가 좋아했던 삼십대에서 한참 지났지만 빼빼 마른 몸에 가느다란 목을 학처럼 길게 빼고 서 있는 그는 여전히 샤프했다.

강연 주제는 「문학과 카타르시스」였다. 소설이 외설스럽다고 감옥에 보내는 짓은 조선시대에도 없었던 일이라고 항변하기도 했지만 강단에 선 교수답게 이야기를 잘 풀어 나갔다. 문학을 돈 버는 수단으로 생각하는 사람들도 많지만 문학 그 자체의 추구 대상은 쾌락이다. 즉 문학을 통하여 카타르시스를 느낄 수 있어야 한다. 우리나라도 GNP 1만 불 시대가 되면 먹는 문제를 떠나 쾌락 위주의 성 문화가 눈을 뜨게 될 것이라 예견하고 선구자 역할을 자처했다. 지금은 성을 쓰레기통에 담아 놓고 안 보려 하지만 뚜껑을 열어 햇볕을 쪼여 주어야만 기생하는 잡충들을 죽일 수 있다고 했다.

솔직하고 유쾌한 강연이었다. 뭔가 흥미 있는 이야깃거리를 들으러 왔던 사람들은 실망했을 것이다. 아니 어떤 이야기를 들어도 충격 받지 않았을 것이다. 이미 우리 모두 '즐거운 사라'는 아무것도 아닌 세상에 살고 있었으니까.

몇 년 전 아파트 상가에 카페 같은 빵집이 생겼다. 식빵 가격이 배나 비쌌다. 버틸 수 있을까 걱정했는데 얼마 못 가 치킨 가게로 바뀌었다. 강남은 작은 빵집이 대세라고 하던 때였다. 우리 동네는 목 좋은 곳곳에 대기업 빵집이 성업 중이었다. 몇 년이 지난 지금 다시 조그만 빵집이 문을 열었다. 유기농 무방부제라는 현수막이 걸렸다. 오지랖 넓은 나는 들고나며 어렵지 않을까 생각했는데 날마다 문전성시다. 나도 어느새 단골이 되었다. 강남에서 우리 동네까지 유행이 건너오는데 5,6년이 걸린 셈이다.

　마광수 교수도 우리 동네 카페 같은 빵집처럼 앞서갔다. 반 발짝만 앞서야 세상을 바꾼다는데 그는 열 발짝 정도 뜀뛰기를 해버렸다. 대가는 혹독했다. 높이 올라가려는 그를 모두가 달려들어 끌어내렸다. 20대에 교수가 된 천재성은 묻히고 음란물 작가로만 관심이 집중되었다. 부음을 접하고는 아직 때가 이르다 싶었는데, 생활고에 병고까지 겪었다니 스스로 택한 죽음에 마광수 교수답다는 불경스러운 말씀을 올리고 싶다.

　유별나게 가을을 좋아했다는 마광수 교수님, 가을이 깊어가고 있습니다. 영면하소서.

(2017)

케빈 베이컨 지수

 스물두 살, 강원도 고성에서 초등학교 영양사로 근무했다. 고향과는 정확하게 대각선으로 끝과 끝이었다. 국군의 날 TV에서만 보던 탱크가 버스보다 더 자주 지나다녔다. 알람을 맞추지 않아도 아침이면 군부대 기상나팔 소리가 깨워주었다. 주민보다 군인이 더 많은 곳이었다.
 한 아이가 군인아저씨가 주었다고 교무실로 쪽지를 가져왔다. 부대 주소와 초등학교 동창 이름이 적혀있었다. 급하게 썼는지 글자가 삐뚤빼뚤했다. 이렇게 먼 곳에도 아는 사람이 있구나 싶어 놀라웠다. 동창은 면회라도 와 주길 바랐겠지만 나는 그냥 넘기고 말았다.
 어느 날 퇴근하는데 자췻집 앞에 군용 지프 한 대가 서 있었다. 연대장이 타는 1호차였다. 1호차는 지나가다 길에서 마주쳐도 우러러보는 차가 아닌가. 집이 마을 안쪽인데 무슨 일로 여기까지 1호차가 들어왔나 싶었다. 운전석에서 훌쩍 뛰어내린 군인은 쪽지를 보낸 동창이었다. 점방에서 집을 물어봤다고 했다. 연대장 운전병인데, 회식 중에 잠깐 왔단다. 왜 여기에 있냐고 의아해했다. 몇 마디 하지도 못하고 늦었다고 후다닥 차에 올랐다. 초저녁이었고 마을은 조용했다. 지나가는 사람도 없었다. 모두가 문 뒤에 숨어서 숨죽이고 보고 있었을까. 1호차 운전병과 연애한다는 소문이 삼동네에 쫙 퍼졌다. 수십 개의 보이지 않는 눈이 내 일거수일투족을 지켜보고 있었다. 떠들썩한 연애로 마을 사람들을 즐겁게 해주었더라면 좋았을 텐데 그때나 그 뒤로나 연애는 젬병이었다.

학교 앞에 점방이 있었다. 점방집 딸이 군인과 연애해서 내 고향 남쪽으로 시집을 갔다고 했다. 아주머니는 나만 보면 딸 이야기를 풀어놓았다. 멀어서 일 년에 한두 번도 못 본다고 말할 때마다 눈물바람이었다. 아주머니는 내 자취방 문 앞에 반찬을 갖다 놓기도 하고 음료수를 손에 쥐어주기도 했다.

여름 휴가에 우리 친정 식구들이 버스 한 대를 빌려 무주구천동으로 캠핑을 갔다. 버스 기사가 자리가 남는다고 자기 가족을 데리고 왔다. 함께 다니는 동안 우리 식구들이 나를 계속 '강원도 아가씨'라고 놀렸다. 기사는 내가 왜 강원도 아가씨인지 물었다. 고성에서 살고 있다고 하자 조용히 앉아만 있던 기사 부인이 반색을 했다.

몇 마디 나누다 보니까 점방 아주머니가 그토록 오매불망하던 딸이 아닌가.

  학교로 화장품을 판매하러 다니는 분이 있었다. 고향은 남쪽인데 군인인 남편을 만나 시집 왔다고 했다. 어느 날 물어물어 들어가니까 고향이 나와 같은 섬이었다. 거기다 그녀의 남동생은 오랫동안 우리 염전에 다닌 염부였다. 직원들은 그녀가 왔다 가면 돈만 아는 억순이라고 수군거렸다. 흉보거나 말거나 나는 고향 사람이라 정겨운 마음에 만날 때마다 화장품을 과하게 사 주었다. 그녀는 나를 며느릿감으로 점찍었는지 아들을 소개해주고 싶어 했다. 그때는 내가 동글동글 후덕하게 생겨서 시어머니 눈으로 보면 괜찮은 처자였다. 엄마에게 그녀 이야기를 했더니 단칼에 잘랐다. 좋은 자리 나올 때까지 얌전히 있으라고 억지다짐까지 받았다. 엄마 뜻을 거역하고 그녀와 강릉까지 가서 아들을 만났다. 그녀는 아들 앞으로 강릉에 상가와 집이 있다고 대놓고 자랑했다. 어느 구름에 비 들었을지 모른다고 늘 행동거지 조심하라던 엄마 말씀이 옳았다. 돈 많은 사람과 인연이 되려나 마음이 잠시 부풀었다. 하지만 상가와 집은 내 몫이 아니었던지 그녀의 아들과는 흐지부지 끝나고 말았다.

  가끔씩 들르는 시장에 과일가게가 있다. 반듯한 서울말을 쓰는 아주머니와는 다르게 아저씨는 내 고향 말을 거침없이 쓴다. 내 말투를 듣고 아저씨는 바로 고향이 같다는 걸 알아차렸다. 뒷개학교

나왔다고 물어보지도 않은 출신 학교까지 공개했다. '뒷개학교'는 조금 실력이 떨어진 학생들이 가던 학교로 지역 사람들만 아는 은어다. 고향이 어디냐고 구체적으로 들어가니까 바로 앞 섬이었다. 더군다나 한동네 집안 숙모의 동생이 아닌가.

케빈 베이컨 지수라는 말이 있다. 인간관계는 6단계만 거치면 지구상 대부분의 사람과 연결될 수 있다는 이론이다. 우리나라 사람은 3.6명만 거치면 아는 사람이라는 연구 결과도 있다. 과일가게 아저씨는 케빈 베이컨 지수로 따지만 바로 2단계 사람이다.

오랜만에 해외여행을 갔다. 보스포루스 해협을 내려다보면서 커피를 마시고 있었다. 옆 테이블에 있던 남자와 눈이 딱 마주쳤다. 친구 동생이었다. 십 년 전쯤 보고 처음이지만 바로 알아보았다. 아, 여기서까지? 이건 케빈 베이컨 지수 몇 단계? 글로벌 시대인가. 아니면 세상이 생각보다 좁은 건가.

(2024)

하마터면 친해질 뻔했다

　검은색 마스크에 야구모자까지 눌러쓴 헤비급 역도선수다. 아파트 현관에서부터 따라오더니 엘리베이터까지 같이 탔다. 나는 6층을 누르고 한 발짝 물러섰다. 야구모자는 버튼을 누를 생각도 하지 않고 손을 호주머니에 넣고 있다. 문이 열리면 내려야 하나 말아야 하나. 내리는 순간 야구모자가 어떻게 나올지 몇 가지 상상이 스쳤다. 한가한 낮곁인데 소리를 질러봐야 내다볼 사람도 없다. 신혼부부가 사는 옆집은 한밤중에나 들어오고, 앞집은 늘 개 홀로 집을 지키고 있다. 땡, 엘리베이터가 멈추자 야구모자가 먼저 내리더니 뒤도 안 돌아보고 앞집으로 쑥 들어갔다. 부부만 사는 줄 알았는데 저렇게 큰 아들이 있었나.
　처음 이 집으로 이사 왔을 때는 앞집에 아이가 둘인 젊은 부부가 살고 있었다. 친정 엄마가 가까이 사는지 날마다 와서 살다시피 했다. 친정 엄마는 처음 만났을 때 집을 얼마에 샀느냐고 물었다. 순진한 나는 보태지도 빼지도 않고 그대로 말했더니 대뜸 비싸게 주고 샀다고 철없는 동생 나무라듯 했다. 우리 집을 딸이 사려고 했는데 남향도 아니고 집도 좁아 못 사게 했단다. 주상복합아파트인 우리 집은 한 층에 세 집이 살고 평수가 다 다르다. 그중 우리 집이 제일 작다. 어쩌다 말만 한 아들들과 좁은 집으로 이사를 왔나 궁금했는지 어디 살다 왔느냐고 물었다. 옆에서 딸이 친정 엄마를 말리지 않았다면 더 많은 질문을 했으리라.

친정 엄마는 아이들이 시끄러울 거라고 했다. 나는 그 정도 아량은 있다는 듯 괜찮다고 웃어주었다. 요즘 아이를 둘이나 낳는 젊은이가 흔한가. 조금 시끄러우면 어떤가. 아이들 울음소리 듣기도 힘든데 사람 사는 맛이 나겠구나 싶었다. 그런데 살다 보니까 생각지도 않은 초등학생들이 드나들었다. 거기다 딩동딩동 피아노 소리까지 들렸다. 시끄러울 거라는 게 이것이었나. 가정집에서 저래도 되나 싶다가도 아이도 어린데 피아노 레슨까지 하는 뜻이 가상하기도 했다.

친정 엄마는 현관문을 열어놓고 아이들과 복도에서 놀면서 나를 보면 꼭 말을 걸었다. 사십 초반에 혼자되어 남매를 키웠단다. 딸이 피아노를 전공하고 대학원에 다니다가 한의사 사위를 만났다. 피아노 레슨은 친구들이 부탁해서 할 수 없이 하게 되었다. 나는 적당히 거리를 두면서 말대접만 했지만 한가한 날은 같이 앉아 얘기를 하고 싶은 날도 있었다. 그러다가도 차 한 잔 하자고 밀고 들어와 친해져 버릴까봐 정신을 바짝 차렸다.

전공한 피아노 실력은 들리지 않았다. 날마다 내가 알고 있는 동요들만 불협화음으로 들렸다. 간간이 이웃 간 소음 문제가 뉴스에 나왔다. 오죽하면 '층간소음 이웃사이센터'라는 기관까지 생겼을까. 그럴 때마다 옆집은 이웃 잘 만났다 생각해야 할 텐데 알기나 할까 궁금했다. 불편한 내 마음을 알아차린 듯 환으로 된 소화제 한 통과 감기에 좋다는 쌍화탕을 주었다. 뇌물은 받았지만 그날그날 마음에 따라 피아노 소리가 소음으로 들리기도 하고 노랫가락으로 들리기도 했다. 유모차에 앉아 있던 아이가 삐삐 소리 나는 신발을 신고 걸어 다닐 정도로 컸다. 유치원에 다니던 아이는 초등학생이 되었다. 친정엄마가 딸이 드디어 넓은 집을 사서 이사한다고 자랑했다. 앞집이 이사 가는 날, 거대한 그랜드피아노가 나왔다. 시원섭섭했다.

앞집에 나와 비슷한 나이의 부부가 이사 왔다. 부부를 엘리베이터 앞에서 만났다. 그 집 남편이 둘이만 산다고 했다. 내가 예전에 살던 아파트 옆집도 부부만 살았다. 자녀가 외국에 나가 있냐고 물었다가 자식이 없다고 하는 바람에 당황한 적이 있어 이번에는 가만히 있었다. 남자는 분양한 아파트로 가기 전에 잠깐 전세로 왔다고 묻지도 않은 말을 했다. 남자는 개를 안고 있었다. 푸들이었다. 남자는 시베리안 허스키 목줄 정도 잡고 있어야 할 덩치인데 푸들이라니 웃음이 나오려 했지만 참았다. 우리 애가 집에 혼자 있으면 좀 우는데 이해해 달라고 했다. 피아노 소리보다 조막만 한 개가 짖으면 얼마나 더 시끄럽겠나 싶었다. 여자는 너울가지 좋은 남자 옆에서 한마디도 안 하고 새침하게 서 있었다. 여자 직업이 나와 같아 보여 개가 혼자 집에 있을 시간이 많지 않을 것 같았다. 나도 개를 키워봤으니 괜찮다고 부드럽게 말했다.

앞집 여자는 얼굴 보기가 힘들었다. 전업주부인 줄 알았는데 집에 없는 날이 많았다. 앞집 개는 나만큼 심심한지 발소리만 나면 극성스럽게 울었다. 특히 어두워지면 더욱 울부짖었다. 저러다 목이 터지는 것 아닌가 걱정될 정도였다. 이름이라도 알면 현관문 앞에서 달래주고 싶었다. 피아노가 떠나자 이제 개란 말인가. 화가 나다가도 자식 없이 반려견과 사는 부부다 생각하면 너그러워졌다. 잠깐 살고 새 아파트로 간다니 조금만 참자. 가끔씩 개 산책을 시키고 들어오는 남자와 마주쳤다. 그때마다 먼저 "우리 애가 좀 시끄럽지요." 했다. 남자 가슴에 꼬옥 안겨 있는 '애'는 한 번도 울어본 적이 없는 듯 초롱초롱한 눈망울로 나를 쳐다보았다. 그 눈망울을 보면 시끄러운 거는 고사하고 개가 불쌍하다고 말해주려는 내 말문이 막혔다.

며칠 뒤 개를 안은 남자와 야구모자가 함께 엘리베이터를 탔다. 외국에서 공부하다가 군 입대하려고 온 아들이란다. 마스크를 벗은 얼굴이 앳돼 보였다. 남의 귀한 아들을, 아니 나라를 지킬 건장한 젊은이를 오해하다니…. 이제 애가 울어도 조금 참아줄까.

(2019)

최미아 수필집

완판입니다

인쇄 2025년 8월 25일
발행 2025년 8월 30일

지은이 최미아
발행인 서정환
펴낸곳 수필과비평사
주소 서울시 종로구 삼일대로 32길 36(익선동 30-6 운현신화타워) 305호
전화 (02) 3675-3885 (063) 275-4000
팩스 (063) 274-3131
이메일 essay321@hanmail.net
출판등록 제300-2013-133호
인쇄·제본 신아출판사

저작권자 ⓒ 2025, 최미아
이 책의 저작권은 저자에게 있습니다. 서면에 의한 저자의 허락없이 내용의 일부를 인용하거나 발췌하는 것을 금합니다.
COPYRIGHT ⓒ 2025, by ChoeMia
All right reserved including the rights of reproduction in whole or in part in any form.
저자와 협의, 인지는 생략합니다.
잘못된 책은 바꿔 드립니다.

ISBN 979-11-5933-582-2 03810
값 15,000원

Printed in KOREA

*이 책의 제작비 일부는 부천시 문화예술발전기금 지원을 받았습니다.